文春文庫

対談集　歴史を考える

司馬遼太郎

文藝春秋

目次

対談集　歴史を考える

日本人よ〝侍〟に還れ

萩原延壽

萩原延壽《はぎはらのぶとし》

評論家。大正十五年東京に生まれる。東京大学法学部政治学科卒業後、オックスフォード大学に留学。主著に「馬場辰猪」（吉野作造賞）、「書書周游」などがある。大作「遠い崖」（大佛次郎賞）を朝日新聞に連載。平成十三年没。

萩原　その後いかがですか。

司馬　相変らず物臭《ものぐさ》で。今日は日本と西洋との触れあいみたいなところから、話を始めましょうか。これは前に話したことがあるかなあ。私の友達にロジャー・メーチンというのがいましてね。ケンブリッジの日本語科を出て日本に留学してきた青年で、まだ二十八歳ですけれど、私より上手な日本語がしゃべれて、日本の大学教授の平均的な文章よりも、ちょっと越えたいい文章が書けます。

　ちかごろ、サンケイだったかに、はじめて随筆を連載して、それを読むと、言葉について実に厳格でウルサクて、たとえば、「琵琶《びわ》湖に最近レイク・センターという娯楽施設ができた。自分は驚いて出かけてみると、これが湖のほとりにあるので、がっかりした。レイク・センターと申せば湖の真《ま》っ只中《ただなか》にあるべきではないか」（笑）

彼について描写しますと、植物的人間という点では、生まれながらの日本人みたいで、中世の宮中の文章博士《もんじょう》をみるような気むずかしさと、江戸末期の日本橋あたりの大きな商家の若旦那のような折り目正しさと明るさがあって、誰かいいお嫁さんが出てこないかなあ、（笑）帰化したいというんですよ。帰化するには日本の娘と結婚するしかない。それまでは私がいろんな対政府手続き上の保証人になってあげなければ、仕様がない。

二十三のときだったかな、彼が日本にやってきて、京都大学の大学院に入って、国語学を専攻しようとした。そのとき私方にやってきたので、私、「国語学なんぞやって、イギリスに帰ればそんな学問で就職口があるのか」と聞いたんです。いうにも事かいて、この植物的青年がですよ、「日本の国語学を伸ばすためにやってきた」（笑）やはりかつて七つの海を支配した国の子孫だなあ、と思いましたよ。

萩原　まったくあっぱれな心意気だ。

司馬　もう一人、〝七つの海〟型がいました。やはり彼と前後してケンブリッジの中国語科を出た、ロバート・ワイマンという青年で、これも京都の大学院にやってきた。彼の感じはメーチン君とちがって、肉食的で陽気な海賊の操舵夫《そうだふ》といった印象でしたよ。彼は卒業したとき、ケンブリッジのキャンパスで考えたんでしょうな、自分が一生やるべき仕事のテーマはどうするか、というふうに。「それなら、せっかく中国語を専攻したんだから、毛沢東《もうたくとう》に会ってきけばわかるだろう」（笑）というわけで、北京へ手紙を出した。五年ほど前のことですけれど、はるばるとシベリア鉄道に乗って東をめざしたんです。本気やな。本当に毛沢東に会ってしまった。

で、「自分の一生のテーマは何か教えてくれ」といったら、毛沢東さんはブツブツいって、何だかよくわからなかった。毛さんの言葉はいわゆる北京官話じゃありませんからね。そこで日本には何かないかしらん、というわけで京都にやってきた。

それより前、シベリア鉄道の車中で恋愛を一つやった。モンゴル共和国のお嬢さんと知りあったところ、ウランバートルの外務大臣のお嬢さんだったんですよ。車中はコンパートメントになってておりますからね、私が二十四、五歳でも、ほのかな恋愛感情を発しますよ。（笑）そういうエネルギッシュな男だから、京都ではスキーをしたり、韓国旅行をしたり、遊んでばかりおったようですが、私の家に来たのは、「あなたは若いころモンゴル語をちょっとばかり習ったそうだから、モンゴル語を勉強できる所を教えてくれ」というのが、用件でした。

日本ではテーマがみつからなかったのでしょう。「ゴビ砂漠に佇《たたず》めばなにやらテーマが思いつくかもしれん」（笑）というのです。あるいは、シベリア鉄道での恋心と関係があったのかもしれません。結局は日本を去ってしまって、そのあとロンドンから手紙が来ましたが、それによるとやはりモンゴル共和国に立ち寄って、ゴビ砂漠を眺めたらしいです。しかし、どうやらモンゴルにも彼のテーマはなかったらしい。結局は地球をひと回りして、いまごろはロンドンの下宿で寝ころんで天井を眺めているかもしれませんけれども。しかし日本人の思案でいえば「何もそんなに壮大な巡行をしなくても、一生のテーマくらいロンドンの下宿で考えられるじゃないか」と思うんですがね、やはりそういう調子ではなくて……。

英国飛躍の原動力

萩原　二人ともいかにもイギリス人という感じがしますね。日本の国語学を伸ばそうとか、毛沢東に単独で会見を申しこむとか、イギリスの国民性の一面である、アドベンチャー・スピリットの代表のような気がします。日本の留学生には、明治のむかしから、向こうに渡って何かを学びとり、「盗み」とってこようという、強い使命感に燃えた人たちはずいぶんいたけれど、まだメーチン、ワイマン両君のような「壮大」な心意気を身につけた留学生は、あまり現われてはいないようです。

司馬　まあ、ワイマン君は振り出しのイギリスに戻ってしまいましたけれど、メーチン君のほうは持続力がある。まるで明治初年のチェンバレン教授（一八五〇〜一九三五。日本語の言語学的研究に貢献）みたいなものですな。（笑）

ところが、彼のいい所は、彼の百年前の先輩であるチェンバレンの名前も知らなかったことですね、その名前をいうとキョトンとしている。だからチェンバレンの真似じゃない。むろん日本の状況がチェンバレンの時代とちがっているし、彼は日本をもっと進んだ国だと思っていますし、それに、日本の心とか日本の本質を正確につかんで、無用の幻想なんか持っていない。

もっとも彼が知らなかったことは、日本の国語学が瑣末《さまつ》主義におちいってしまっていることでした。私がそのとき、大野晋《すすむ》氏や金田一春彦氏のような人の仕事を知っていたら、そこへ行けと教えてあげることができたんですけれども、ともかく彼は途方に暮れ、哀れにも京都の大学院でやった学問は、「イギリスの方言の比較」といったようなものでした。そういうことですから私も「国語学者になることは、あきらめたほうがいい」といったんです。当人は私よりも早く結論を出していました。「ですから教育者になります」といった。ちょうどそのころ、日本人の教師たちは、大学紛争などから、教育者であることの空《むな》しさを知りつくしたでしょう。そういうとき、彼は改めて生き生きと、教育者になろうと思ったんです。最初の目標を失ったからといってイギリスに帰ろうとしないあたり、不退転である。

いまメーチン君は、大学の講師として、彼の最も嫌うところの英語を教えるということを通して、そのことを一所懸命やっていますよ。いい過ぎかもしれないけれど、海の向こうから、吉田松陰みたいな男がやってきた、という感じがほのかにしますで

すね。(笑)

萩原　日本でも「人間至るところに青山《せいざん》あり」とか、「壮士ひとたび去ってまたかえらず」というようなことがいわれて、戦前には、いわゆる大陸浪人と呼ばれるような人たちが、ずいぶん中国に渡って行きましたね、その功罪は別にして。

司馬　私はそういう大陸浪人志願の少年でした。(笑)

萩原　まあ、イギリスがかつて世界帝国になった基礎には、「人間至るところに青山あり」という風潮がたしかにあったのですね。もちろん、ロンドンで組織的かつ計画的に青写真《ブルー・プリント》をつくり、それを着々と実行して世界帝国を築いていったという面もあるわけだけれど、それとならんで、メーチン君やワイマン君のような精神の持ち主が世界中にばらまかれていて、それなりに活動していて、それが世界帝国の実現を間接的に助けた、そういう面もあったんじゃないでしょうか。

司馬　そうかもしれません。メーチン君について深くは知らない最初のころは、彼はなにか宗教的情熱でやってきたんだと、私は思っていたんです。キリスト教には世界性があって、それに動かされて中国の奥地あたりなんかにまで宣教師が行きましたでしょう。ところが彼は、われわれと同じく無信仰、無宗教、教会とは何の関係もない。かといって積極的な無神論者でもないんです。つまり、何かに動かされてやってきたわけじゃないところが、非常に面白い。

萩原　メーチン君は無宗教かもしれないし、ヨーロッパにおけるキリスト教の影響力はずいぶん低下していますけれど、やはり彼には、キリスト教の精神的風土が……。

司馬　骨髄のなかに残っている……。

萩原　といえるのではないでしょうか。彼の背景にある一代、二代、三代前のキリスト教的な風土が、いま彼のなかに生きている独立心を養ったのじゃないでしょうか。メーチン君は否定するかもしれませんが。

司馬　まあ、イギリスでは、カトリックとプロテスタントの相剋《そうこく》があったりして、キリスト教そのものが政治問題化しますね。メーチン君の場合、政治が嫌いで、だから宗教とも離れたという感じがする。

萩原　イギリスの国教はプロテスタントだけれど、大ざっぱないいかたをすれば、実は「カトリック的」プロテスタントですね。

司馬　日本史の側に置きかえるのは誤差がありすぎますが、強《し》いていうと、天台・真言という思想的装飾性の強い平安仏教から、救済的色彩の濃い法然《ほうねん》の浄土宗が出てきた。やがてそれをさらに純粋化して単純化された親鸞《しんらん》の浄土真宗が生まれるのですけれども、英国のアングリカン・チャーチというのは、カトリックの匂いがあって、浄土宗的なものですね。つまり、天台・真言というカトリック的なものに対して。

萩原　十六世紀、ヘンリー八世（一四九一～一五四七）のときにローマ法皇と縁を切って、プロテスタントになって、それがアングリカン・チャーチという国教になっていった。しかし、おなじくプロテスタントと一括できても、国教のワクをはみ出る人間がたくさんでてくるわけです。それをノン・コンフォーミスト（非国教徒）といいますが、彼らにいわせると、「アングリカン・チャーチはカトリックのことを悪くいうけれど、お前たちのやっていることは、カトリックとあまり変らない。だいいち、政治と宗教が一致してるじゃないか」そういうはみ出た連中が、ずいぶんアメリカに渡っているし、イギリス自体についても、ノン・コンフォーミストを離れては、急進的な社会的、政治的な思想運動は考えられないくらいです。

また、オックスフォードでも、ケンブリッジでも、十九世紀中ごろくらいまで、カトリックやノン・コンフォーミストの入学は許されなかったんですね。有名な例は『ローマ帝国衰亡史』を書いた例の大歴史家ギボン（一七三七～九四）で、彼は一時カトリックに改宗したため、オックスフォードから放り出される始末でしたよ。

徳川家康の困惑

司馬　それは相当な話だな。そこまでいくと、われわれにはよくわからなくなる。もっとも、ぼくらも日本の歴史で体験していますね。体制をおびやかすほど一つの宗教の勢いがよくなると、パンチをくらう。一向一揆《いっこういっき》がそうですね。親鸞の浄土真宗（一向宗）というのは、浄土宗のアングリカン・チャーチ的な性格に対する、清教徒的なものでしょう。

それが戦国期に、国々の国主に反抗して一向一揆をやった。徳川家康の若いころ三河《みかわ》でも、猛烈な一向一揆がおこった。家康は同じ阿弥陀如来《あみだにょらい》を信ずる浄土宗ですが、一向宗ではない。この一向一揆で家康はこのため非常なる政治訓練、宗教訓練をさせられてしまった。彼が二十代の初期に国主としてこの深刻な経験をしなければ、のちの彼の政治家像はよほどちがったものになっていたろう、というのは確実です。

なにしろ、犬のような忠誠心で他国までひびいていた三河の家臣団のちょうど半分が、「われわれの永劫《えいごう》の主人は阿弥陀如来であって、阿弥陀如来こそわれわれを救って下さるものである。それにひきかえ主従の関係は一代限りのもので、どちら側に忠誠をつくすかといえば、阿弥陀如来のほうである」といって、一向宗のほうへ走り、国中の寺々をトリデにしてたて籠《こも》って、主である家康と対戦したわけですものね。若い家康にとっては、大変なショックだったと思います。

萩原　そうでしょうね。

司馬　彼は非一向宗徒である家臣団を率いて、一向宗徒の家臣団を討つわけですが、悪戦苦闘して、というより連戦逃げまわりというくさぶりでほとんど七割ぐらい負けているわけですね。しかし最終的には、もうこのへんで戦争をやめようということになった。反乱を起した連中もエネルギーを消耗していますからね。反乱を起したことは忘れよう、元通りの待遇で召し抱えるから、という条件でパッとおさまってしまって、家康に対する忠誠心もよみがえってくるんです。

その一向一揆のときのリーダーの一人が鷹匠《たかじよう》という卑賤《ひせん》身分の出身で、家康を悩ましぬいた。その男が後に家康が大きくなったころに彼の唯一の参謀になる本多正信ですよ。彼は、いうなれば組合の委員長で、家康をキリキリ舞いさせたんだから、乱のあと皆が許されたのに彼だけは、自分だけは許されまいと思って北陸あたりへ逃げてしまった。中年になって三河に戻ってくる。家康はいいやつが戻ってきたというので、すぐ自分の参謀にして、秘密を明かし合う唯一の家臣となったんです。この二人は、三河内乱の中で敵味方ながら、国とは何ぞや、人間とは何ぞやという同一体験を持ったわけでしょう。だからこそ家康は、だれよりも本多正信を信頼したんじゃないでしょうか。

対決と寛容

萩原　ヨーロッパでも一六一八年から四八年にかけて、西ヨーロッパ全土をまきこんだといっていい三十年戦争がありましたね。カトリックとプロテスタントの両派が、血みどろになって争ったわけですが、イギリスもこれと無縁ではなかったわけで、クロムウェルのひきいるプロテスタント内部の純粋派、ピューリタン（清教徒）による反乱があり、ついに一六四九年には、国王のチャールズ一世（一六〇〇〜四九）を断頭台におくって、首をハネてしまう。

イギリスと日本は、両方とも王室があるとか、立憲君主制で似ているとかいっても、そこが決定的にちがうところで、イギリスでは国王を殺していますからね。

司馬　国民の公敵という議会の決定によって、チャールズ一世が群衆の前で断頭台にかけられておりますね、大きな斧《おの》で。

萩原　そこが非常にちがうんです。さっきの家康の話もそうですが、どうも日本人はとことんまで対決しない。いい悪いは別にして、ともかく対決しないというか、ある点まで対決して、そのあとはサッと手をうつことによって、問題を解決していく。

他方、ヨーロッパの流儀はそうじゃない、とことんまでやる。しかし同時に忘れてならないのは、これは思想史の教科書によく書かれていることですが、思想の自由、異なった思想に対する寛容という態度が登場しはじめるのは、この三十年戦争のあたり、あるいはその渦中から、ということですね。

じっさい、それ以前の異端、つまり、自分の宗教とか宗派に属さないものに対する追及、迫害、拷問《ごうもん》などのすさまじさ、むごたらしさは、日本では考えられないほどものすごいもので、そういう時に使った道具などが、いまでもヨーロッパの博物館などに残っています。

つまり、ヨーロッパでは、精神や思想の問題で対決し、王様の首までハネても、やはり精神や思想は生き残り、その勝ち負けの決着はつくものではないと、知識としてでなく文字通り、骨身にしみて知ったわけで、そこではじめて、異なった立場もあり得るという認識、つまり寛容という結論に達したわけです。

もっとも、その後も、フランス革命やロシア革命の例が示すように、とことんまで対決するという伝統は残りますが、それにもかかわらず、いや、逆にそれだからこそ、といえると思いますが、他の思想に対する本当の寛容な態度が、同時に養われていった、といえる。ところが日本の場合は、まずとことんまでやらない。

司馬　決してやりません。

萩原　やらないことが、逆に本当の寛容を生み出さない、そういう面があるんじゃないですか。

司馬　そうかもしれませんね。また家康に話を戻しますと、天下を平定した家康は、浄土宗を一種国教的な位置に格上げしたわけです。わざわざ人工的なお寺の増上寺《ぞうじょうじ》を江戸に作って、一種の宗教政策の中心とした。なぜ浄土宗を国教的なあつかいにしたかというと、家康の家が昔から浄土宗であったということもあるけれど、それともうひとつ、浄土宗には法然さん以来、権力に癒着しやすい体質があるんですね。浄土真宗は民衆のものでしょう、概念的にいえば。また歴史的にいっても、英国の清教徒革命のころの清教徒たちが新興地主や新興商人たちであったように、中世末期に一揆をおこした加賀などでも、開墾地主が一向宗になって「国主に税金を納める必要がどこにある。われわれが稼いだ金じゃないか」という気分をみなぎらせて、一向一揆へ飛躍した。

ともかく家康さんの政治感覚からいうと、「南無阿弥陀仏」と念仏を唱え参らせれば極楽往生ができるという点では、おとなしい浄土宗も激しい一向宗も同じ思想だといっていい。だから、いっそのこと浄土宗へみなを組みこんでしまえというわけで、三河侍の多くは乱のあと浄土宗徒になるんです。家康の強制ではなく、そういうムードになった。だから江戸体制における大名に一向宗徒はもちろんいないし、上級士族にも絶無だったんじゃないでしょうか。

あれだけ戦国期に民衆や土豪、地侍階級を組織して荒れまわった一向宗なのに、江戸期になると侍の宗徒はいなくなってしまった。いまでも「ウチは門徒（一向宗・浄土真宗）です」といえば、江戸時代には町人か百姓だった家だとみていいわけですね。私の家は戦国末期の最大の一向一揆である本願寺対織田信長の石山合戦のころは、播州の地侍で、熱心な一向宗徒で、石山籠りをしておったようですけれども、江戸期はおとなしい百姓でした。

要するに日本での宗教は、一大昂揚《こうよう》を発してもその程度で終るものなんですね。そこがヨーロッパと非常にちがうところじゃないでしょうか。

日本人が頼るもの

萩原　大ざっぱにいえば、やはり対決の欠如ということになりますね。しかし、人間は頼るものを持っていなければ、生きられない。しかし、対決まで行くためには、その頼るものが、本人にとって確固としたものでなければならない。確固としたものがあるからこそ、対決する元気も、必要も、エネルギーも出てくるわけですから。（笑）だから、戦前でいえば天皇、最近ではGNPに頼る。確固としたものがないだけに、逆に日本人は、常に頼るものを探しつづけなければならない運命にある、ともいえますね。

司馬　まったく、頼るなあ。（笑）

萩原　最近、外国のある雑誌の注文で、「日本人は迷信的な国民か」というエッセイを書けというんです。そこでいろいろ考えたんですが、日本人は迷信的な国民といえるかどうか、だんだん疑問になってきましてね、迷信の「神様」にとって、日本は非常に住み心地の悪い国ではないか。迷信が迷信であるためには、まず迷信を信じてくれることが第一条件ですね。ところが、日本人は迷信を信じていない。

司馬　生活の小道具というか、あやとして使っている。

萩原　ヨーロッパでは、キリスト教という大筋があって、それにたいして異端があるわけですが、日本には唯一不可侵の宗教的権威はないでしょう。誕生は神社で祝い、結婚式はキリスト教で、葬式は仏教、という具合ですから。

まあ、日本で迷信といわれるものの源泉は、大ざっぱに分けて、神道《しんとう》というか土俗的なもの、中国ないし中国経由で渡来したもの、明治以後に西洋から入ってきたものと、三つあるわけで、神道流にいえば悪い日も、西洋流の占星術で占うと良い日だったりすることがあり得る。そういうとき、日本人の精神的傾向からいえば、悪いほうはさっさと捨ててしまうでしょう。（笑）つまり、迷信を信じていないのだから、日本人は迷信的ではない、ということにならないでしょうか。

司馬　たしかに日本では迷信はときとして座興として使われますね。「あなたはウサギ歳だから、おとなしいはずだ」とか。（笑）たまたま、神道についておふれになりましたが、神道というものは、沖縄にいってやや原型を見ることができるだけで、よほど想像力を働かせてもいまとなれば、元来神道とはどんなものだったのかよくわかりませんが、要するに、不浄を忌《い》み嫌う心であるわけでしょう。さらには祟《たた》りを恐れるということ。

日本には、儒教的な陰陽《おんよう》五行説とか、南中国からは布袋《ほてい》さんなどという道教的な幸福をもたらす神様がやってきたけれど、祟りをなくす方法については日本では創りださずに、外国からきた神様をそのことに使ったということなんです。外国から来た神様だけにその効力がある。

萩原　ああ、そうですか。

外国崇拝の伝統

司馬　たとえば菅原道真《みちざね》が不幸なことで死んだ。道真は公家として最高の位にのぼれる身分の家の出じゃないけれど、大変な学者だから宰相の地位についた。それが藤原氏にとって片腹痛かったために、結局は没落して九州の大宰府《だざいふ》に流されたんですけれど、流されたとはいえ鎮西《ちんぜい》長官、九州長官ですからね。菅原家の格からいえば悪くないんじゃないかと思うけれど、当時の人にとっては、道真は不遇のうちに怨《うら》みをのんで死んだと思わざるを得なかったんでしょう。

道真は怨霊《おんりょう》となって京都に出てくる。それがおそろしいので、京都の貴族は北野の天神さんをつくって彼をなだめたのでしょう。天神さんは、むろん神道です。しかし、神道では浄《きよ》めておきさえすればいい。建物をたてず、縄を張って結界《けちかい》とすればいいわけだが、神道だけでは怨霊をなだめるききめがない。ともかくも死後の道真たるや、雷に化けて京都の町に落ちてきたり大変なおそろしさ——藤原氏にとって——でしょう。

萩原　それは神道流ですね。

司馬　ところが察するに当時の人は、道真の霊にかぎってはただの慰《なぐさ》めかたじゃいけないと考えたんでしょうね。だが、壮麗な仏教寺院を作るというのは、もう流行遅れになっていて、ちょうどその時代は儒教が非常にモダンなものとされていた。そこで中国風のきらびやかさとはこんなものだろうと空想して、真っ赤に塗った天満造りの建物をたてた。いまでも天神さんは、真っ赤な建物でしょう。まあ道真さんは非常なる儒学者であったから、やはり中国風の小道具でお慰めするほうがいいわけです。

萩原　面白い話ですね。

司馬　これは物理学の湯川秀樹先生が思いつかれて私にいわれたものを、勝手に受け売りしているのです。（笑）そのあと私は考えこんでしまって、天満さんの神主さんのところへ行っていろいろ聞いたりすると、どうもそうらしい。道真よりも以前の時代は、祟るモノがあると仏寺を建てたりして慰めておりますよ。

つまり迷信を慰める新しい迷信は、日本では古来外国ダネを好むということに気づきます。いまだって、西洋の占星術が非常にはやっているでしょう。あれは、アラビヤ人が考え出した天体知識が原型となっているんだそうで、日本流の古い星占いとは違うわけです。日本のは、真田幸村《ゆきむら》なんかの講釈などに出てきますね。大坂城で幸村が空を眺めていたら、彗星《すいせい》が落ちていった。これで豊臣家の運命もきわまった、と幸村はさとったりする。まあ、その程度の占星術は中国から陰陽術が伝わってきたころ以来、日本にもあるんですが、それではどうも古くさくていかがわしいんで、近ごろは科学の姿をした違う迷信をもてはやすようになった。

いま、ジーパンをはいたヤングたちが、しょっちゅう西洋式の星占いの話をしていますな。あの姿を見ると、弥生《やよい》式時代の日本人とちっとも変りはないとしか、私には思えませんな。（笑）

萩原　しかし、そういう若者たちも、星占いそのものを信じているわけではない。生活の、なんというか、一種の潤滑油として使っているだけの話でしょう。

司馬　そうそう。潤滑油か、女の子とのシャレた会話のツマに使っているんです。「今日は仏滅だから結婚式はしない」といっても、お互いに深刻ではないでしょう。仏滅にわざわざ結婚式をするということは、緊張の世界ですからね。緊張をやわらげるためにも、仏滅にはしない。

萩原　人間関係をスムーズにするために、日本人は迷信を利用しているわけですね。そこで話がまた進むわけですが、日本人が対決しないということと、そういう気質とは、大いに関係があるんじゃないでしょうか。

他国の原理を尊重せよ

司馬　それはあると思います。たとえば、インドなどには迷信が沢山あるでしょう。ある種の動物は食わないとか、大通りをそういう聖獣が渡っているとき、渡り終るまで車が停《と》まっているとか。インドへ旅行した日本人たちはインドを滅ぼすのはこうした迷信だとよく義憤しますけれど、それはそれでもっともなことですけれど、しかしあれは迷信ではなくて、原理なんです。あれはヒンズー教という一大原理からでてくる枝葉《しよう》にしかすぎない。

ところが日本でははじめから原理がありませんから、インド原理の枝葉をみてあれは迷信と錯覚する。とんでもないことで、インド人は迷信深くはありませんよ。もし迷信だとすればインドでは人間そのものが迷信だということになるでしょう。そしてインド人はそのために飢渇《きかつ》し、戦争をし、悲惨かもしれませんが、悲惨もまたインド原理にふくまれ済みのことで、わが幸福な日本人にはそういうあたりが理解できないと思います。

萩原　その通りだなあ。たとえばアラブ諸国では、礼拝時間が長いために、その間事務がストップしてしまう。工場は停まる。そのために近代化が遅れている、などというけれど、彼らにとって、あれは原理的な行為ですからね。

司馬　コーランに「富める者は貧しい者に施《ほどこ》すべきである」という意味の教えがありますでしょう。そこで、富める国はわれわれ後進国に金をよこすべきだということで、どんどん金を貰《もら》う。東南アジア回教圏もしくはその影響下にある国の人たちもそうですね。

日本は少しはマシな国になったのだから、金をよこせ。出さないとののしられますよ。しかし、そういう態度をとるのは、人間的におかしい人たちだ、とは絶対にいえないと思うんです。一つの原理からでている発想を改めさせることは、他の原理をもちこむ革命によらなければできないことですし、むろんそういう原理転換の革命は、容易にできるものではありませんからね、権力転換の革命はたやすいとしても。

よく話にでてくることですが、エジプトでピラミッドやスフィンクスあたりをラクダに観光客をのせてまわる案内人、彼らは強欲で旅行者から金をふんだくることしか考えていない、だから泥棒と同じだなどといいますが、それも彼らの原理から出ていることなんですね、旅行者は富める者だから施しをするのは当然だ。だから物を貰っても「ありがとう」とはいわないんです。貰うのも与えるのも、原理的世界の行為なんですから、それでいいんです。

日本人は、ある種の民族や国家について、そういう枝葉のことでののしりますね。自分に原理がないものだから、原理にまで理解がとどかなくて、枝葉のことで生ずるつまらないアクシデントに猛烈に怒ったり、逆に猛烈に感心したりして、外国旅行から帰ってきた人はたいてい一時的に一種の狂人の状態（笑）です。いつでも枝葉をみて、大きな人種論、民族論へもって行ってしまう。

萩原　結局、日本をのぞくどの国民も、それぞれ原理（発生の起源や内容は別であっても、ともかく、なにか確固として信じうるもの、あるいは頼れるもの＝萩原注）があるわけで、それを考えるとこれからの日本は大変だろうと思いますね。中国にしたって……。

司馬　濃厚すぎるほどの原理国ですね。

萩原　アメリカにも、もちろん原理がある。

司馬　ありますね。これはよほど濃度が濃くて複雑ですけれど。

萩原　隣りの朝鮮にもある。原理の性質、その宗教的、政治的な意味あいを全部抜きにして、原理という抽象的な言葉でしめくくれば、それはどの国民にもあるわけで、日本はこれから大変なことになるんじゃないでしょうか。

司馬　そうですね。朝鮮の例で思いだしましたが、私の知人の妹さんが、いろいろないきさつがあって、六十歳をこえたインテリの在日朝鮮人の奥さんになっているんです。結婚してみると、親類縁者をはじめ在日朝鮮人の社会とのあいだに無数のトラブルがおこってどうにもならないところまできている。

つまり、朝鮮人の男性にとっては、自分の女房が日本人出身であろうと、その母親、兄弟、姉妹および数親等の遠い縁者まで全部一族だという発想があって、そこから紛争が起る。朝鮮人の原理からすれば、女房の姉の貯金も、必要とあればふんだくっていいというちゃんとした原理から出てきた考え方があるわけなんです。たとえば自分は事業を思い立った、だから、お前はわが女房の姉だから有金をよこせ、むろん返済はしない。そこで問題が起ってしまうんですね。

そこで私は日本的にいえば被害者であるそのお姉さんにいったんですけれども、朝鮮人には、一族というものについて特別な原理がある。だから場合によっては、親類を食いつぶしたっていいんです。食いつぶすというと、卑《いや》しい言葉ですが、向こうでは食いつぶすことが、極端にいえば原理に忠実なわけですね。こういう事例は無数にあります。

しかし、そういう国々の原理を無視して金をとられたという枝葉をとりあげて「朝鮮人はけしからん」と、民族の問題にしてしまいがちなんですよ、日本人というのは。

日本人の外交能力

萩原　いま司馬さんがいわれたことは、いわゆる宗教的原理とは少しちがうわけですが、やはり一種の原理であって、日本人は、ともかく原理的な行為とは無縁な国民ですから、ご指摘のように、功利的な観点からみると、「けしからん」と思うような事態が起るんですね。そして「けしからん」と思うところまではよい、というか、仕方がない。日本人にとって事実「けしからん」ことがあるし、また今後もあり得ることは、認めざるを得ない、と思います。しかし、「けしからん」がさらに発展し、人種論まで行く可能性がある。つまり、原理的な行為と無縁な国民であるために、相手側の原理的な行為を内側から理解する能力が、なかなか身につかない。

司馬　それがあるから困ります。日本人は孤立する。

萩原　その危険性があると思いますね。しかし、考えてみると、日本は明治以来、国を開いてから、外国に留学生を沢山送った。みんな使命感に燃えて、よく勉強しましたよ。まあ、みんなというと、いい過ぎになるかもしれませんが、とにかく留学生の大部分が一所懸命にやった。ところが、こういうことも外国でいわれているんですね。つまり、日本は戦争中に一種の鎖国をしただけで、もう百年も国を開き、沢山の留学生も送り、多くの日本人が外国に出ていながら、日本人は、外国交際の仕方をよく知らない。外国人とのつきあいがまずい。今度イギリスから帰国する直前、親しいイギリスのある教授にそういわれて、実はハッとしたんです。

司馬　「日本人はつきあいかたを知らない」、と外国人がいってくれる場合、それは非常に好意的ないいかたですよ。お前たちは見当もつかない連中であるという激しい指摘を婉曲《えんきょく》にいったのでしょうか。

つまり、外交の問題というのは、大体利害の対立ですから、大変にしのぎ難いものでしょう。十九世紀であれば、戦力に訴えるということになった問題でも、今日では話しあいで、利害得失の折り合いをせねばならない。これは議場でやるより、事前において打ち合わせをして大体の結論を出すわけですね。本議会などは、セレモニーにしか過ぎないんで、事前の打ち合わせが一年かかるか、三カ月かかるか……。たとえばアメリカと西ドイツならうまく行くと思いますね。ドイツ人の原理とか原則、思考法がわかっていれば、初対面の人間であっても三日くらい盃をくみ交せば、いっていることは大体わかるでしょう。「この点では俺が折れるから、ここは君が譲歩してくれ」と。非常に明快になると思うんです。

ところが日本からアメリカに行く連中は、ペコペコするかと思えば、居丈高《いたけだか》になって尻をまくって、ふんどしを丸出しにしようとする者もいる。ペコペコするのはアメリカ通か在外公館員で、居丈高なのは繊維問題におけるわが国の通産大臣で、これはまあ痛快なる日本男子でいいわけですけれども、（笑）いずれにしても、結局、日本に帰ってきて、国内で声明を出す場合、なにやらもう国交断絶するような調子になってしまう。アメリカにすればさっきまでペコペコしてたのに、おかしいということになるでしょうね。

この百年で学んだもの

萩原　その変りかたが突然であり、唐突なんですね。それから、司馬さんもいわれたように、準備の手続きや交渉に時間をかけない。セッカチであり、しかも突然変るから、外交交渉がうまく行くはずがない。うまく行かないだけならまだよいほうで、ときには無責任とか、背信行為《はいしんこうい》とうけとられかねないことになる。美濃部《みのべ》都知事が中国へ持っていったという保利《ほり》書簡がいい例ですよ。アメリカの場合、ワルシャワで何年も大使級会談をやっているんですからね。

司馬　そうですね。キッシンジャーが偉いかどうかは知りませんが、なぜああいうふうにうまくできたか。これは想像ですけれど、最初にちょっと当ってみるときには華僑やユダヤ人でも使ったんではないでしょうか。彼らは中国にも行けるし、アメリカにも行ける。そういうひとびとに試行してもらう一方、あわせて中国の原理は何かということを調査する。つまりアメリカの華僑のだれが、中国首脳と幇《パン》つまり秘密友人組織を持っているか調べ上げて、接触を積み重ねて、さあ、これでキッシンジャーが行っても大丈夫ということになって、日本人から見たら一大飛躍が行なわれたと思います。ところが、日本の政治家、この場合、美濃部さんとか保利さんとかいうのは、キッシンジャーの鮮やかな飛躍を、おらも一度やってみべえというだけでしょう。（笑）

萩原　外国とのつきあいには、やはり時間がかかるんですね。ところがいまの日本のやりかたを見ていると、積み重ねの過程がない。冒頭に司馬さんが紹介された、毛沢東に手紙を書いたワイマン君、これは立派です。福沢諭吉流にいうと、「独立の精神」がある。こっちも人間、毛沢東も人間、会って話がしたい。そこで手紙を書いたんでしょうからね。

司馬　そうでしょうね。

萩原　ところが日本人は、それもできないんです。他方、いろいろと策は弄《ろう》するんだけれども、人目につかぬところで、五年、十年と、じっくり時間をかけるということもできません。あわてふためいて駆けこんで、それも泣きつくか、どなりこむか、どっちかじゃないですか。いままでいったい何をしてきたんでしょうね。

司馬　そういうことですね。

萩原　えらそうないいかたをすれば、幕末以来もう百年もたっているのに、なんたることか、といいたくなりますね。

司馬　ええ、国際社会に入って。

萩原　しかも、その間、外国に出かけた人たちは、勉強しすぎて、ノイローゼになって自殺するとか、そういう話もよくあるくらいで、だいたいみな一所懸命にやったわけでしょう。もっとも、最近はいささか事情がちがって、気軽に遊びに行ったり、目的もなしに行ったりして、それはそれなりに意味があるとは思いますけれど、その前の人たちは、ともかく学問、芸術、その他、それぞれの分野で、いいものを持って帰ろうと努力した。

しかし、日本人は国内関係では功利主義的にうまくやるかもしれないけれど、国際的なつきあいかたについては、過去百年間に何を学んだのか、という気がこのごろよくするんです。

無気味な日本人

司馬　なにしろ五里霧中《むちゅう》で、そういう機微というか、非技術的な技術というか、そういうものを学ぶ余裕も気持もなかったんじゃないでしょうか。

たとえば中国は、二千年間礼教主義、儒教体制原理でやってきたが、今度、原理を違えただけです。だから、たとえろくな産業技術を持っていないとしても原理性だけは明快なんです。国連にいる喬冠華《きようかんか》代表でも、自信に満ちたいい顔をしておりますな。実に天真爛漫《らんまん》にふるまって、演説になるとぼろくそに相手をののしる。（笑）そういう態度は、アメリカという一つの原理を持った国の政治家には、よく理解できるわけでしょうね。

萩原　それはもう、非常によくわかるでしょうね。司馬さんもよくご存じの例のサトウ、明治維新の前後に日本に来ていたイギリスの外交官アーネスト・サトウ(一八四三〜一九二九)が、明治三年六月、賜暇《しか》帰国でイギリスに帰っていたころ、ウィリアム・アストンという東京の公使館に残っている親友に手紙を書いているんです。アストンは日本の宗教や文学を研究して、『神道』という本も書いている人です。

その手紙をぼくはイギリスで読んで、いま司馬さんがいわれたことと似たことを、つくづく感じたことがありました。その手紙にサトウはこう書いているんです。「日本がつくづくいやになった」、ここでサトウは、英語ではディスガスト(DISGUST)、「唾棄《だき》すべき」という非常に強い言葉を使っています。とにかく、「日本がつくづくいやになったという、君の気持はよくわかる。私も日本を離れる一年ぐらい前から、もう自分の仕事に興味を失っていた。日本人はこれからますます進歩するだろう。しかし、日本にいる外国人は、ただ取り残されるばかりだろう」、そういう一節があるんですよ。逆算すると、サトウが日本を離れる一年ぐらい前というのは、江戸開城のあたりになる。

司馬　なるほど、それは面白いな。

萩原　なぜサトウが自分の仕事というか、日本がいやになったのか、いろいろ解釈はできます。まず条約改正によって、やがて外国人の特権的な地位が失われる。それが第一に考えられるでしょう。しかし、どうもそれだけではない。いま司馬さんのいわれた原理の問題にも関係してくるのではないか。これが私の直感です。

　別の言葉でいうと、ヨーロッパ人にとって、中国のほうが、理解しやすい国だったんじゃないか。彼らは中国で、かなりひどい目にあっているわけでしょう。もちろん、イギリスもずいぶんひどいことをしたわけですが、サトウやアストンの上役であった駐日公使のハリー・パークス（一八二八〜八五、外交官。四十年間東洋に在勤）などは、監獄にぶち込まれるような目にもあっている。ところが日本にくると、いばっていられたわけですから、日本での生活は快適だったと思うんです。

　あまり快適でなくなるのは、まあ明治五、六年ごろから、つまりアメリカが日本の味方のような顔つきをしだし、イギリス側をいらだたせる時期からですが、それにしても、日本側はパークスなどを大事にあつかいましたから、まだ相当に快適だったはずですよ。しかし、原理のある国から来た人間にとって、日本という国は、なにか無気味だったのではないか。理解しにくいのではないか。

司馬　そうでしょうね。

萩原　ある段階までは、日本は良い生徒で、教え甲斐《がい》もあったでしょう。そして、いやになるくらい、ますます教え甲斐のある生徒になって行く。その姿が無気味というか、彼らにとっては、しだいに理解しにくくなって行く。逆に中国のほうは、生活が不愉快であるとか、ひどい扱いをうけるとか、教え甲斐がないとかいう問題とは一応別の次元で、イギリス人にとっては、実は日本よりも理解しやすい国であった。これはまったくの仮説なんですけれどね。

侍の躾け

司馬　わかるような気がしますね。ラフカディオ・ハーンにしても、松江では快適だったが、東京では不愉快だったという感じでしょう、ハーンの半生をみると。たとえば松江では、松江大橋に欄干《らんかん》があって、そこに賽銭《さいせん》を入れる装置があったようですな。町の人はそこに一文銭を入れて、昇ってくる太陽を拝んでいる。ラフカディオ・ハーンはそれを見て、感心してすごい昂奮をするわけです。この賽銭は太陽にさしあげる。そのあとその金を誰がもってゆくのか、松江のひとびとは考えない。これは一つの原理だとハーンは思ったわけです。ところが実際は、長く続いた一種の醇風《じゆんぷう》美俗といったものなんですがね。

萩原　いや、それも一種の原理と見てもいいんじゃないでしょうか。

司馬　江戸期にのみ存在した原理といえるかもしれません。ハーンの奥さんは松江藩の高級士族の出ですね。日本についての人間的気分や知識は奥さんが教えていくわけですけれど、この奥さんから伝えられたものは、松江藩ご家中の身分のいい侍社会の躾《しつ》けの世界から出たものだったにちがいない。ハーンはこれはすばらしい原理として解釈するわけですね。しかしこれは躾けですから、厳密には原理的なものといえるでしょうか。その議論はまあいいとしても、ともかくその原理的なものは、開化期になると太陽の下の朝霜のようにはかなく消えるわけですが、すくなくともラフカディオ・ハーンには、滅びざるもの、永遠のものと思えたにちがいないんです。
ところが彼が東京に行くと事情が変る。東京大学で教えている先生や学生、彼らは日本の中の分国、分国という躾けの社会から脱却して東京という所へきた連中でしょう。つまり躾けの世界というのがすでに「田舎」というものになっていて、東京へ出てきたときに捨てるべきものと考えて、げんに捨て去った書生たちです。先生たちにしても一種の老書生で、松江からみると柄《がら》が悪い。もちろん、躾けの社会にいたときは柄がよかったんでしょうが、東京に出てきて元の木阿弥《もくあみ》に戻った感じで、非常に柄がわるい。

萩原 なるほど。

司馬 野蛮というのは、いい言葉なんですよ。文明に対する野蛮で、野蛮の中には野蛮の原理がある。アフリカにはアフリカの原理があるから、今西錦司さんのお弟子さんがアフリカの奥地に行って感動するわけでしょう。ところが、明治初年の東京大学における人間関係には野蛮さもなかった。ギスギスしてすさまじい人間、ただ頭だけがいい人間ばかりが集まっていた。

萩原　競争社会ですね。対決は、向かいあってぶつかり合うわけだけれど、競争は、同じ方向にむかって進む速さをきそいあうだけですね。つまり競争はあったけれど、対決はなかった。まあ、小泉八雲はそういう日本人の特質を早くも見抜いてがっかりしたんでしょうが、相対的にいえば、侍社会の躾けの遺産が明治時代にはまだかなり残っていて、司馬さんの『坂の上の雲』にも、それがでてくるわけですね。

司馬　ああいう時代を調べていると、異風俗としてわれわれを非常に楽しませてくれるし、ときにドキドキするような昂奮を感じます。

萩原　いずれにしても、明治時代には前代の遺産がまだ残っていた。それが、大正、昭和と下ってくると、だんだんとなくなってくる。司馬さんもそうかもしれませんが、大正、昭和と下るにつれて、歴史を書く興味がなくなるんですよ。

たとえば広瀬武夫や秋山好古《よしふる》は、どうみても立派な男ですよ。それは前代の遺産を持っているからなんですね。

司馬　そうです。前代の濃厚な遺産で、大百姓は大百姓なりにもっている。

萩原　これは戦後の日本の歴史家が、意識的にか、無意識的にか、簡単に通りすぎてしまう点ですが、明治維新を境にして日本の近代化を推進し、そのなかで立派な働きをした人たち、その人たちのモラルなり倫理なりは、実は前代の遺産だったことが多いんですね。

司馬　それは非常に面白いご意見です。

萩原　そして、日本で原理と呼ばれ得るもの、あるいは、それに近いものを作り出したほとんど唯一の機会は、やはり侍社会だったんじゃないでしょうか。

司馬　侍でしょうね。ハイカラにいえば、江戸文明かもしれません。

失われた文明

萩原　サトウたちが幕末期につきあった侍には、そういう原理があったんじゃないでしょうか。松江藩における躾けといってもいい。ここでは原理というのを、宗教と必ずしも結びつけないで使っているわけですから、生活を律する、当世はやりの言葉でいえば、原点といってもいい。原点が内部にある。生活を律するものが自分の中にあるということですね。それを見ているのは神様か、お天道様《てんとうさま》か、迷信か、祖先か、それはわかりませんけれど、いずれにしても誰かが自分を見ていてくれる、これを裏返していうと、生身の人間という意味では誰も見ていてくれなくても、するべきことはする、そういう感情が侍、あるいは侍の理想像としては、あったのではないでしょうか。

司馬　たしかに、人間の行動を美しくさせる基準、原理が侍社会にはありました。一つの光景を紹介しますと、横浜開港（一八五九年＝安政六年）となって、関東の在所のエネルギーのあるあぶれ者があつまってきて相場が立つようになった。大金を持ってないような連中でも、小金で張るんですな。横浜のぬかるみ道にしゃがみこんでいるそういう町人たちを見た西洋人は、こう思うんですよ、自分が知っている侍は、この連中とは人種が違うんじゃないかとね。柄が悪くて、卑屈で、姿勢からして違って猫背で、表情も非常に品がない。つまり、江戸文明をより薄くしか持っていない。だから西洋人たちが不思議がったという記録を、どこかで読んだことがありまして、非常に面白かった。

それから、これは吉田健一さんがお書きになっていらしたものを受け売りするわけですけれど、江戸時代にこそ文明があって、その後には文明はない。まったく、その通りだと私も思います。

萩原　同感ですね。私も多少イギリスのことを知っているので、イギリスの例がよく頭に浮かぶんですが、英語で文明をシビリゼーションといいますね。これを人間の行動にあてはめて「あの人はシビライズドだ」というと、最高の賛辞になる。吉田さんはイギリス仕込みだから、おそらくイギリスのシビリゼーションを念頭に浮かべながら、そういわれたんでしょう。

まあ、ここは、というより歴史家にとってむずかしいところですが、江戸時代は階級社会だったわけで、士農工商という厳格な階級序列のために、ひどい目にあった人たちも沢山いた。だから四民平等になったことは結構なことで、これはわかりきっている。しかし、残念なことに、シビリゼーションと呼び得るもの、いいかえれば、生活の全体を自然に、しかもくまなく包んでいる躾けのようなものが、四民平等になったために、失われていった面がある。石川淳さんが「教養とは躾けだ」と、どこかでいっておられましたが、文明とはそういうものだと思う。

躾けというのは、立居振舞だけではなく、本の読みかたから始まって、人間のつきあいかたにいたるまでの一貫した教養のことでしょう。そういうものが、たしかに侍には身についていましたね。

司馬　濃厚にありましたね。たとえば、小さな躾けでいえば、侍は雨が降っても走らない。そして、道の真んなかを歩く。雨に濡れないように軒先《のきさき》を歩くのは、見ていて浅ましいものでしょう。曲がり角など、直角に曲がるそうですな。直角に曲がるのが侍というものなんです。

ぼくらはちょっとでも早道しようと、角のほうをさっと曲がりますけれど、侍はそれをしない。つまり、侍には、どうやればシビライズドされた人間ができるか、つまらないことまできちんとした取り決めがあったわけですね。それらが集積して、普遍化していくと、文明の姿となる。

萩原　しかも徳川時代では、それが侍の社会だけにとどまらないで、下のほうへ広がって行くわけですね。もっとも、さっきの横浜の話のように、士農工商の一番下にまでどの程度おりていったかという問題は残りますけれど。しかし、何といっても三百年も続いたんですから。

司馬　だからそういう文明は、富商、庄屋階級にまで充分に行き渡っています。二百六十年の濃度はわりあい濃いですね。

萩原　仮にそういう文明がもう少し続いて、薄められた程度であっても、国民全部に行き渡ったうえで封建社会がつぶれ、四民平等ということになっていれば、いまの日本ももう少しちがった姿になっていたでしょうがね。（笑）いまそれをいうと、繰《く》り言《ごと》になるだけで、まあ、これは仕方のないことなのでしょうが。いまの日本には、そういう文明と呼んでもいいようなものは存在しない、残念ながらそういわざるをえないような気がします。

なぜなら、士農工商の末端にまで充分浸透する前に、駆け足で四民平等の時代に突込んでしまったために、その侍文明は燃えつきてしまったわけですから。いや、そういうより、侍自身が文明の伝統をいともアッサリと投げすててしまった、といった方がいいかもしれませんが。まあ、大変に「進歩的」だったわけですね。

司馬　いま萩原さんがおっしゃったのと同じことを、妙なことに西郷隆盛さんも考えていましたよ。（笑）

西郷という思想的存在のもっともラディカルな突角は、彼が、「少なくとも十年間内乱を続けて、日本を焦土《しょうど》にしてしまわなければならない。その焦土の中からこそ、新しい文明が生まれる」と、維新後にいったことです。ところが彼の思惑は外れて、戊辰《ぼしん》戦争がたった一年で終ってしまって、維新政府が成立した。だから西郷は一大失望をして、北海道に渡って百姓になろうと考えたりします。ところが、結局のところ、北海道には渡らずに故郷の鹿児島に帰って行くんですね。これは西郷の土着性を示すエピソードだともいえますけれど、別の目で見れば、彼には、士族を保護存立せしめたいという考えがあったのではないでしょうか。

つまり、士族的世界が江戸的文明人間の原液であるとすれば、その中の一番濃厚な原液は、やはり薩摩武士である。そう西郷は考えていたのだろう、と思うんです。薩摩隼人《はやと》は、中世のよさ、鎌倉武士のよさを持ち、そして、戦国の非常に強烈な太陽に真っ黒に焼かれて、くぐり抜けて、やがて江戸的教養文化の中に入って行った。そういう点では、当時の日本でもっとも進んだ士族でしょうね。

萩原　その通りでしょうね。

西郷が考えた〝日本人〟

司馬　さらに薩摩島津家というのは、戦国末期に人間の規範としての武士製造法を、いっぺん作りあげている。それで江戸期をずっと通してきている。さらには、この藩は江戸教養文化の真っ只中にあるときも、わざと枝葉末節の学問を重視しなかった。教養のための教養主義というのをきらい、観念的思考をきらい、侍がインテリであることをきらいつつも、侍が無知であることをも同時にきらう、という微妙なところに人間の規範をうちたてていたようですね。

西郷は幕末にずいぶん他藩の人間に会い、結局は原日本人と江戸文明人とが渾然《こんぜん》一体となっているのは、薩摩士族しかないのではないか、と考えるようになったと思います。だから日本を内乱の劫火のなかに叩きこんで、百姓や町人にいたるまで薩摩人のように仕立てあげねば、日本は救われないと思ったのではないでしょうか。しかし、歴史は彼の思うようには進行せず、日本を劫火のなかに叩きこもうとする彼の征韓論もうまくゆかず、すべてに絶望して鹿児島へ帰ってゆくわけでしょう。

西郷という人はいかにも革命家ですけれども、しかし革命家として余分なことに、日本人を変えてしまいたいという持続的な願望があったと思います。たとえば諸藩を眺めわたして、佐賀藩人は頭でっかちでよくない、長州人も西郷の言葉でいう〝三井の番頭さん〟のようなのが出てきて、どうも新しい日本人の原型にするにはふさわしくないとか、いろいろなことを考えているように思います。

西郷さんは、あまりに語るところの少なかった人だから、われわれが想像で補わなくてはならない部分も多いわけですけれども、まあ、薩摩からは森有礼《ありのり》のような文明設計能力をもった男や、山本権兵衛《ごんべえ》のような国家を設計する能力をもった男、それに単純なところで、いかにも古代の隼人の気分を残している桐野《きりの》利秋（一八三八～七七。初名中村半次郎。陸軍少将。西南戦争で西郷の下に戦い、城山で戦死）を出している。しかも彼らは単なる政治技術屋でなく、人間として信頼できる連中だということで、単に同郷人であるという安心感以上に、薩摩武士というものはいいものだという認識が重大なものとして西郷にあった。百姓町人にいたるまで内乱に叩きこむことによって、日本人を薩摩人にしたいというのは、他人からみればこっけいな願望かもしれませんが、西郷にはそれがあったと思います。

萩原　なるほど。

司馬　私学校の反乱というのは、結局、一万数千の人間が日本を征服して、何事かを改革しようとした行動ですね。つまり、薩摩輸出の衝動ではないか、という面があるように思います。薩摩ナショナリズムとか薩摩サンディカリズムではなくて、西郷的表現による革命意識でしょう。

しかし、まあ、西郷さんは、想像すればするほど、いよいよその像が大きくなるという存在で、なんだかこっちが損するような、向こうが得するような、（笑）西郷さんはよくわからない人物ですけれども。

萩原　西南戦争の始まる直前、明治十年二月の中旬、アーネスト・サトウが鹿児島で西郷と会っていますね。西郷びいきのウイリスというイギリス人の医者と一緒に、ウイリスの家で会ったんですが、そのとき西郷には護衛が十数人ついてきた。しかも、西郷が失礼だと制止するのに、ウイリスの家の中にも入りこみ、西郷がサトウやウイリスと会っている二階の書斎の障子の外側でも、監視をつづけるという物々しさです。

もちろん暗殺という噂《うわさ》があったからともいえますが、私の想像では、西郷がサトウやウイリスに何をしゃべるかわからない、いわば西郷の本心を打ち明けるようなことになるかもしれない、それを私学校生徒はいちばん恐れたのではないか。それが護衛の意味だったのではないでしょうか。

司馬　それは面白い洞察ですね。

萩原　とくにウイリスは、東京大学の医学部を追いだされたとき（ドイツ医学にかわったために）、西郷に拾ってもらって、鹿児島に来て医学校をおこしていたわけで、西郷の親友といっていい人物ですから、暗殺の心配などまったくなかったわけですから。

司馬　私学校の生徒にとっても、西郷はやはり謎《なぞ》の人物だったんでしょうな。彼らにとっても、極左なのか極右なのかわからなかった。

萩原　そうだったと思いますね。司馬さんがおっしゃるように、西郷には永久革命の思想家であり実践家である面がたしかにありますが、西南戦争の段階でも、そういう雄志を持ち続けていたかどうか、その点がちょっと疑問なんです。西南戦争の段階では、私学校生徒に一切をくれてやってしまったのではないか。これはいちばん普通にいわれている解釈ですけれどね。

虚像となった辛さ

司馬　われわれにとってどうもよくわからない人物だ、という態度で考えてゆくほうがいい、といった存在ですね、西郷は。立ち上ろうという気持はあまりないのに、鹿児島で野たれ死のうとした。自分についてこようとする人間が沢山いたために、萩原さんのおっしゃるように、身体をあずけてしまうことになるんですが、西南戦争で勝利を収めるのは、客観的にはどうもむずかしい。その困難を克服するための情報収集や、それを基礎にした戦略検討というものをまるでやっていない。幕末において西郷は、あれだけ巨大なる情報収集家であったのに、一転して西南に帰ったときは、ほんの微細な情報しか持たず、持とうともしない人間になっていた。

東京から送られてくる西郷びいき筋からの甘い情報によると、「西郷ひとたび起《た》てば、沿道なびくがごとく彼を迎え、東京へ無血入城できる」というようなことがあって、西郷はついにそれを信ずるがごとき気配をみせ、ついに動かされて血気の若殿輩《わかとのばら》に身をまかせてしまう。戦略家としては、前期の西郷とは別人のようですね。

萩原　幕末から江戸開城までの西郷は、それこそ大戦略家であり、大謀略家といってもいいくらいですね。手の打ちかたも周到をきわめた。

司馬　その後は、まったくちがう。

萩原　たしかに西南戦争のときの戦略、戦術、見通しの甘さは、想像を絶するわけで、まず船がなければ海を渡れないわけなのに、船の用意すらしていなかった。いくら下関海峡が狭いからといって、船は必要だったでしょう。

　西郷の身になって考えると、西南戦争をそう呼べるかどうかは別問題として、「革命」の渦中《かちゅう》でいかに死ぬべきかを考えていたのではないでしょうか。明治維新は西郷がいたからできたようなものですが、まず第一段階で沢山の人を殺した。沢山といっても、あれほどの変革を考えれば、むしろ驚くほど少ないのですが。

司馬　西郷の主観的印象では、ずいぶん同志を殺してしまったということだったらしい。同志たちの無数の死の重さに価するほどの新政府であるかということが、多量な感情家としての西郷の大鬱懐《だいうつかい》だったでしょうね。

萩原　つぎに第二段階では、生き残った者の特権を剝奪《はくだつ》した、あるいは剝奪せざるをえなかった。これも西郷がうしろに控えていたからできたことです。西郷は、革命とはいかに代償が大きいか、つくづく感じたのではないでしょうか。江戸開城以後の西郷の行動には、そういう感情がつきまとって離れないという気がします。

司馬　革命家としての西郷の名前は、維新前から、薩摩藩を凌駕《りょうが》するほどに巨大なものでしたが、維新政府が成立すると、こんどは薩摩藩をこえて、日本国家を凌駕するほどに巨大な像になってしまった。西郷の辛《つら》さはナマ身のままで一大巨像になったことにあると思います。巨像というよりもはや虚像といっていい。西郷が何重《なんじゅう》にも悲劇的なのは、そういう自分を彼は知っていたらしいことで、東京を捨てるというあの劇的な帰郷は、もう歴史の中に入ってしまいたいという、歴史の中のほんの数人しか味わわなかった名状しがたい虚無感をもったことではないでしょうか。

幕末の西郷に戻りますけれども、あの当時、西郷の手足となって働いたのは、弟の西郷従道《つぐみち》とか従弟《いとこ》の大山巌《いわお》とか、血縁者や隣り近所の連中でした。そのときの西郷は、戦力的にも戦術的にも弱者の位置にいて、強大な幕府を相手に危険を冒して革命をやろうとしていた。負けるかもしれないという立場に立っている者の情報収集力、選択力、分析力はすごいものですね。しかし、それが勝利を収めた維新後は、桐野利秋に象徴されるような三流壮士の集まりだけが西郷を取り巻き、日本と匹敵するだけの巨像になった西郷をかつぐということだけに彼らは戦略価値を持った。かついでゆけば沿道鉾《ほこ》を伏せてなびいてゆくだろうという戦略判断だけで、西南戦争をひき起してしまった。西郷の能力の問題ではなく、ここまで来れば歴史の物理作用のようなものでしょう。

萩原　なるほど。

司馬　虚像としての西郷をとり巻いている連中たちに、世間対西郷というものについて、どういう反応が起っているかは、実像としての当の西郷はよく知っていたと思うんです。しかし維新以後の西郷を考える上では、実像としての西郷を考える必要はない。虚像としての西郷を考えるべきで、西郷自身でさえ自分の虚像と戦っていたから、帰郷後、人を遠ざけて鉄砲猟ばかりしていたのでしょう。

そういう実像と虚像の課題を、西郷の友人でついに政敵となった大久保利通が一番知っていたろうと思うんです。西郷は立派で偉い奴だけれど、俺の友人にすぎないじゃないかという気持があるし、第一、大久保は世間が虚像にしないタイプの人間だったから、そういう機微には冷たい観察眼を持っていたと思います。大久保にすれば西郷の信徒たちがかついでいる西郷は、本物の西郷ではない、この有害な虚像を滅ぼさないと日本が滅びてしまう、そう思ったに違いない。

萩原　そうかも知れませんね。

革命家のひきぎわ

司馬　どうも私は喋《しゃべ》りすぎていますな。（笑）まあ騎虎《きこ》の勢いで言ってしまいますと、毛沢東さんも、革命成立直後に死ねば、もっと巨大な存在として後世位置づけられたでしょう。ただ守成期の中国にとって幸いなことに、ナマの毛さんの体力がだんだん衰えて、そのためにかえって政治がしやすくなっているようですな。どうも成功した革命の象徴は長生きしてもらっては困るわけで、妙な具合に、ゴーストになっていく恐れがありますからね。レーニンだって早死にしてくれたから、スターリンが景気よく活躍できたわけです。しかし西郷の場合、歴史舞台からひっこんでゆく機会を失ったことで、このために一万何千の彼の愛する薩摩隼人を殺して、鹿児島県をただの百姓県にしてしまった。革命家としては不幸な人だと思います。

萩原　これは歴史的な常識になっていることですが、明治維新は、西郷隆盛、大久保利通、岩倉具視《ともみ》のコンビでやったわけで、西郷一人だけでやったわけではない。東京には大久保、岩倉と二人そろっているわけで、二対一では分《ぶ》がわるい。

司馬　そういうこともありますね。話が少し変りますけれど、もうひとついえることは、西南戦争での西郷軍は私学校軍ですね。幹部たちは戊辰戦争を戦い抜いてきた、つまり、国内革命の生き残りで、革命家としてどういう等級にランクされるかは別として、革命意識の持ち主たちでしょう。そういう強烈なプライドはあっても、実際の軍隊としては、時代遅れのものだった。むしろその時代遅れというところに誇りを持つ、という余分の意識構造を持っている。

ところが東京では、すでに当時としては近代的な国防軍ができあがっている。それらが西南をめざしていつでも船出できるようになっている。薩摩軍はかつての革命軍の栄誉はになっているが、国防軍ではない。

これは中国でも同じでしょう。林彪《りんぴょう》の第四軍というのは、つまり私学校軍ですね。旧満州出身者を中心とする兵隊たちが、国民政府軍に対して実に勇敢に戦い抜いて、毛沢東革命を成立せしめた。革命成立後、国防軍に編入されることなく、名誉革命軍といったふうな精神待遇をうけているがごとくして、ごく最近まで林彪を師として、どこかに駐屯《ちゅうとん》しておりましたですね。

かつて最強をうたわれた彼らもすでに老兵になり、しかも団結心は強い。ところが新中国の一方では、ミサイルを操作できるような国防軍が育ちつつある。また、軍隊はその方向に向かわねばならない、という国家的要請が当然あるでしょうが、しかし林彪軍の意識は別だろうと思います。

自分たちは革命をになってきたし、これからも永久革命のにない手であるという精神的議論が当然あるべきで、〝米帝〟式な、あるいは〝ソ連修正主義〟的な国防軍などは、毛沢東思想に反するものだという、私学校軍的な考えが当然ある、もしくは最近まであったと思われるのです。

萩原　もう象徴なんですね。

司馬　専門的な国防軍人じゃないんです。国防軍の軍人なら、専門化してもよろしい。よろしいというのは、日本的な解釈なんで、（笑）全軍隊は私学校的なものであるべきだということで、紅衛兵《こうえいへい》を支持してブルジョア的近代化を真似ようとする劉少奇《りゅうしょうき》路線をこわしてしまった。林彪さんがこわしたのか、林彪的ムードがこわしたのか、毛沢東の指令でこわしたのか、それは知りませんけれど、ともかく革命戦の名将である林彪は、西郷さんのように生きながら伝説的巨人になってしまった。その虚像が国防相の位置にあって、ある時期まで毛沢東の後継者として強い権力を持っていた。維新後の西郷さんの位置も、やや似ています。

萩原　陸軍大将は西郷一人でしたからね。

司馬　そうですね。のちの陸軍大将と違って、終身野戦軍総司令官といったふうの、上代の征夷《せいい》大将軍に似た位置でした。林彪という人が、追い出されてしまったのか、それとも伝えられるようにソ連への亡命を企《くわだ》てて墜落死したのか、それはよくわかりませんが、守成期の政権がこの名誉ある革命家を、そうであるがために不要もしくは有害な存在としたことは、どうやらたしかなような感じですね。西郷の場合もそうで、革命における図式はどこでもだいたい似かよったもののようです。

萩原　革命の精神を残そうとすれば、一人一人が一兵卒のつもりで戦わなくてはならない。しかし、ヨーロッパや日本がおこなった近代化の過程では、専門化とか官僚化は不可避でしょう。中国がなにをやろうとしているのか、わたしにはよくわからないけれど、専門化とか官僚化ということになれば、どうしても序列がでてくる、でてこざるをえない。

司馬　いまおっしゃった、専門化ということ。中国では「専」という一字を使って、これはいけないのだ、といまのところはしておりますね。……まあ、わたしはここで中国論をするつもりはないいんですが、西郷には、原理性に憧《あこが》れる要素があったということをいいたくて、こんな話にいつのまにかなってしまったんです。

福沢の思想

萩原　そこで思い出すのは、福沢諭吉の西郷論です。福沢は、司馬さんのおっしゃる原理性を買って、西郷を弁護していますね。いわゆる「日本国民抵抗の精神」(『丁丑《ていちゅう》公論《こうろん》』)で、西南戦争における西郷を抵抗の精神という見地から擁護《ようご》するわけだし、また例の『瘦我慢《やせがまん》の説』では、勝海舟を批判しています。旧幕臣でありながら、爵位《しゃくい》をもらっている、明治政府に出仕している。そういう不満を勝に対してぶちまけながら、他方、西郷は立派だといっているわけです。

つまり、また原理の問題ですね。勝つとか負けるとか、そういうことを別にして、なぜ勝海舟は堂々と対決しなかったのか。国家百年の大計《たいけい》を考えれば、一時の勝ち負けよりも、この対決の欠如のほうが決定的にマイナスである、と福沢は考えたのでしょうね。福沢は『丁丑公論』のなかでもその点にふれています。明治十年に西南戦争がはじまると、それまで維新の元勲としてもてはやされていた西郷が、一転して逆賊になる。そこで福沢は、『丁丑公論』を書いて、西郷を追いつめた責任を明治政府に問うているわけです。

しかし西郷側の批判も福沢はしているわけで、いわゆる暗殺者を大久保が鹿児島に送りこんだという一件、あれを西郷側が決起の理由にしているのは情けない、とはっきりいっていますが。もっとも福沢は世間の不必要な誤解を恐れて、二十年以上もこれを筐底《きょうてい》に秘しています。

ところが『丁丑公論』や『瘦我慢の説』は、文明開化の先達であり、洋学者・福沢の著作の系列中では変種である、という俗論がありますが、これは間違いですね。『学問のすすめ』や『文明論之概略』をよく読めば、福沢が同じことをいい続けていることがよくわかります。たとえば日本では権力がいつも片寄る、福沢の言葉を借りれば、「権力の偏重」ですが、これを正さなければならないということを、くりかえしいっている。西郷の抵抗精神を擁護するとき、福沢は矛盾しているのではなく、一貫しているわけです。

司馬　一貫しておりますね。生涯のなかで一番福沢らしいエピソードは『福翁《ふくおう》自伝』

にあると思うんです。彼が最初にアメリカに渡ったのは、咸臨丸《かんりんまる》で木村摂津守《せっつのかみ》（勘助。一八三〇〜一九〇一。軍艦奉行。咸臨丸司令官として日本人のみによるはじめての太平洋横断に成功）の下僕としてですね。といっても名目上のことですけれど。その福沢がアメリカで学びたかったのは、蒸気機関車でもなければ、工場でもなく、アメリカやヨーロッパを勃興《ぼっこう》せしめた根源的なものは何かということだったですね。結局、自由と権利である、と理解した。そういう文明の枝葉でなく原理に着目したところは、彼の天才的なところだろうと思います。

ところが、自由と権利というものの内容がなかなか把《つか》めないので、アメリカ人に聞いてまわるのですけれども、うまい説明が得られない。アメリカ人にとっては空気のごときものだから、説明のしようがなかったのでしょう。結局、福沢はみずからその内容を考えて、三田に慶応義塾を開いた。西南に帰った西郷がしたように、三田の一角から新原理を日本国中に広めたいと考えたのでしょう。

明治の開明期の人たちは、日本社会をこれから興《おこ》すための原理や技術について、みんな考えていたわけですね。海軍では、こういうエンジンを使おうとか、陸軍では、フランス式じゃなくイギリス式でいこうとか、技術的な問題について考えていた。福沢の場合は、江戸原理を否定しつくせば日本は空っぽになってしまう、だからこそ新原理を置かなくてはならないと考えた。そういう明快な思想家は、彼一人だったのではないでしょうか。

「独立の精神」

萩原　同感です。そこで、福沢には偉大な思想家につきまとう悲劇性がありますね。一見矛盾したこと、本人の奥深いところでは実はしっかりつながっているけれども、世間にはどうしても矛盾としてしか理解されえないことを、同時にいわなくちゃならないのが、偉大な思想家の宿命ではないでしょうか。

司馬　なるほど。

萩原　福沢にとって、封建《ほうけん》制度は親の敵《かたき》であり、四民平等大賛成、そこで侍社会を攻撃しなければならない。だが、侍社会を攻撃し、それが崩壊したあとで、日本に何が残るのか。残ってもらいたい希望をこめて、福沢はそれを「独立の精神」と呼んだわけです。独立という言葉に、司馬さんのいわれた自由とか権利とか、人間の気高《けだか》い部分のすべてをぶちこんだわけで、あれは福沢の壮大な夢を託した言葉です。

つまり、福沢の使う独立という言葉の意味は実に深いと思うんです。たんに国の独立などという、簡単なしろものではない。しかし、この「独立の精神」をどこから持ってくるかといったら、彼が攻撃せざるを得なかった封建制度下における支配階級、つまり侍が持っていた原理から、ということになりはしませんか。ヨーロッパでいうノブレス・オブリッジュ（特権には義務が伴う）であり、感覚からではないでしょうか。たとえばイギリスでは、いったん国難が来れば貴族がまっさきに戦場に赴《おもむ》く。ふだんはノンキに遊び暮らしている貴族が、普通の兵隊よりも先に第一線に駆け出して戦死するのが当然であるとされている。

実際はそうじゃない連中も沢山いるようですが、（笑）少なくともその気風はまだ残っている。かつての日本の侍にも、自分たちは特権階級であり、それに見合った特別の義務があるのだという気風が、たしかに存在した。全部の侍が実際にそうであったというわけではないにしても、そういう理想像がはっきり掲げられていた。ところが、福沢の「独立の精神」には、実はこの気風に頼らざるを得なかったという矛盾があり、悲劇があったわけですね。

失笑を買うGNP宣伝

司馬　それは面白いなあ。義務といえば、咸臨丸の木村摂津守は、何千石しか貰《もら》っていない官吏だったけれど、アメリカ行きにともなう彼の地位に関する経費は自費でやっています。むろん基本的な経費は政府が出してはいるのですけれども、咸臨丸に乗るというのは、武将の軍役《ぐんえき》と同じでしょう。

軍役というのは将軍なり殿様なりから支度金を貰って、馬や鉄砲を買って行くのではない。自費でまかなうのが建前ですし、そのために世襲の禄《ろく》というものがある。だから、木村摂津守は家財を売って、金銀にかえて持って行ったわけです。

萩原　それもノブレス・オブリッジュの精神ですね。

司馬　英国にも共通するところの、貴族たるものの奉公ですね。話がとんで恐縮ですが、日本がどういう国なのか他の国に紹介しなければならなくなった局面が、外交上何回かありましたね。明治期でのそういう事例でのもっとも重大なる正念場は、日露戦争を仲裁してくれる行司役の国を探したときだったと思います。在外公館だけにまかせるのは頼りないというので、日本から秘密指令を帯びた人間が行きますね。イギリスには末松謙澄《けんちょう》（一八五五～一九二〇。東京日日新聞記者、衆議院議員、内相、枢密顧問官）が行く。

萩原　ケンブリッジを出た男ですね。

司馬　アメリカに行ったのは、金子堅太郎（一八五三～一九四二。帝国憲法の起草にあたる。農商務相、法相、枢密顧問官）ですが、金子のほうが、うまくいったんです。アメリカは当時、別にアジアに介入しなくたっていい、という環境にあった。ただロシアが強大になると困るということ、中国に対しては門戸開放を唱《とな》えているという程度で、アメリカの外交はまだ建国以来の原型的な段階にあった時期です。だから、日本にとって、アメリカという他の国と複雑な利害関係を持っていない国を味方にひき入れるという意味では、わりあい都合がよかった。それに金子とルーズベルト大統領とは、よく知られているようにハーバード大学の同級生で、しかも相当仲がよかったようですね。

そこで金子堅太郎が行くわけで、ルーズベルトは、日露戦争には不介入を宣言したものの、「君のためにつくそう。ところで国民に日本を何といって宣伝したらいいんだ。日本的原理を教えてくれ」といった。金子はそのつもりで、新渡戸《にとべ》稲造の『武士道』を持って行ったので、手渡すと、大統領は一晩で読んだそうです。なにしろ武士道のことが書いてあるのだから、明快ですよ。ルーズベルトは、「この本で日本人がわかった。アメリカ人に宣伝してやろう」といった。

ところが英国での末松謙澄は、嘲笑《ちようしよう》を買ったようですな。当時のイギリスと日本は同盟を結んでいて、政府間は非常に緊密ではあるけれど、イギリス世論は、戦争の中途ぐらいから冷たくなった気配もあります。日本は金を持っていないでしょう。だから、「大戦争を始めやがって、戦費がなくてキューキューしてるなんていうのは、興ざめなやつらだ」という感想も一部にはあったらしい。

末松という人は、明治三十年代の教養人として、法学博士、文学博士の二つの称号を持っていたりして、要するに明治風の金ピカの人物ですね。伊藤博文の娘婿でもある。

ところが彼が行なった宣伝というのは、金子式の原理宣伝ではなく、「旭日昇天《きょくじつしょうてん》のごとき日本」というふうの、いわばGNP式の宣伝なんです。彼はつてを求めていろんなサロンで、日本が投資の対象になるというようなことしかいわなかった。ちょうど今日の日本人が対外的に行なっている誇示のようなことを、彼は最初にやったわけですね。これが嘲笑を買った。しかも、彼の講演速記が本になって配られたもので、読んだ連中の失笑を買ったりして、非常にマイナスを稼《かせ》いだようです。もし福沢諭吉が行ったとしたら、金子流にやったと思います。

萩原　イギリスにはクラブが沢山あって、しかもそのクラブは排他的なものですね。偽善的という言葉を使う人もいますが、要するに一種の、上品ないいかたをすると、フィクションなんです。まあイギリスくらいフィクションを大事にする国はないといってもいいかもしれません。ニコニコと挨拶《あいさつ》をしたりはするが、肚《はら》のなかでは何を考えているかわからないという意味で、フィクションがあるわけです。しかし、フィクションだけかというと、そうではない。末松謙澄氏のやりかたというのは、その後の日本のイギリス通といわれている人々にかなり共通した例だと思いますね。イギリスを誤解している。

たしかにイギリスでは、どのクラブに属しているとか、家柄だとか、爵位があるとかないとか、オックスフォードだとか、ケンブリッジだとか、表面的には大切にしているけれど、絶対にそれだけではない。大英帝国という大きな国を維持していくためには、政治的な操作が必要でしょう。それで、山高帽をかぶって云々《うんぬん》という面だけが強調されて日本に入ってきましたね。しかし、それだけじゃないんです。非常に素朴に率直に、心を打ち明けて、これが実は本当の日本の姿なんだといえば、よくわかってくれたにちがいない、どんなに英語が下手であってもね。

司馬 なるほどね。その心が末松にはなかったというわけですな。

先覚者の悲劇

萩原 ここで原理の話にもう一度戻ると、原理という言葉を広い意味に使っていえば、江戸文明を生みだした原理は、侍が持っていた。幕末から明治の初期にやってきた西洋人を驚かせたのは、この侍の原理ですね。「ここにも原理があるのか」これはキリスト教から来た原理ではないけれど、やはり原理的なものです。

ところが、彼ら西洋人たちが見ていくうちに、その原理がだんだんに消えていくわけでしょう。福沢はそれを早くも察知して、すでに明治十年に『丁丑公論』を書き、続けて明治二十四年、『瘠我慢の説』を書いたんだろうと思います。しかし、誤解を恐れて、二つとも筐底に秘してしまった。

司馬 それは非常によくわかりますね。福沢は「封建制度は親の敵でござる」といっていたけれど、封建制度の根底をなしていた原理は、封建制度とさほど関係のない一個の文明というべきもので、福沢は、それに反発と同時に尊敬心を抱いていた。だから封建時代が終ったあと、新原理を作らなくてはならないと考えた。しかし結局、刀折れ矢つきてしまったともいえるかもしれません。

萩原　だから福沢の晩年は、辛かったと思いますよ。彼の思想の一面が誤解されるというか、一面だけが誇張されてしまったわけですから。福沢は意識的に、牛肉を食えとか、金を儲《もう》けるのはよいことだとかいいましたね。これは、彼の内部では矛盾しないんですが、外面的には矛盾としてしかあらわれざるを得ないんです、彼の内側でたぎっていた精神とくらべれば。

司馬　福沢の考えている原理までさかのぼると、矛盾じゃないですね。

萩原　ええ、そうなんですが『瘦我慢の説』など、保守反動が大喜びして、もう一度明治以前の封建制に帰るべきだというふうな受けとりかたをされかねない。

司馬　ひょっとすると、三田がつぶれたかもしれませんね。

萩原　だいたい学生は、いつでも誤解するに決まっています。もちろん、新しい発見に通じる誤解もその中にはありますが。（笑）ともかく、文明開化の嫌いな保守的な人たちは『丁丑公論』や『瘦我慢の説』を読んで、大いに喜んだそうですね。徳富蘇《そ》峰《ほう》が紹介していますが、そういう人たちの間に「福沢全集は焼くべし。しかし、この二冊の本だけは後世に残すべし」といった種類の評語があったそうです。

他方、内村鑑三からは、福沢は「拝金宗」の教祖であると、やっつけられる始末でした。その内村鑑三は「代表的日本人」の一人として西郷隆盛を挙げるくらい侍の好きな人で、侍精神とキリスト教精神とは直結すると思っていた。福沢も、西郷を弁護した文章を書いていたんですが、これは秘して公開していなかった。だから、内村も当然読んでいないわけで「薩長藩閥政府の害毒は、一回の政治革命で直せるが、福沢の流した『拝金宗《はいきんしゅう》』の害毒は、一回の政治革命では到底処理できない」といっているくらいです。内村は福沢を巨大な敵と見たわけですね。

事実、巨大な敵と見られても仕方がなかった。福沢が慶応義塾で教えた弟子からは、「拝金宗」といわれても仕方のないような人々が次々に出てきましたからね。福沢自身は「拝金宗」ではない。しかし少なくとも、金は軽蔑《けいべつ》すべきものでは決してない、とこれははっきりいっていた。だから、内村の批判は、福沢自身については当っていないけれど、福沢の弟子のある部分、および誤解された福沢像については、当っている面があったわけです。こういう誤解は思想家の宿命でしょうが、晩年の福沢は寂しかったにちがいない。どうもそういう気がしてならないんです。

司馬　おっしゃるように、三田に行けばメシが食えるぞ、という意識がだんだん出てきたようで、福沢の晩年には、そういう目的のために三田に来る学生がずいぶんいたようですね。つまり卒業証書だけをめあてに入ってくる学生がふえてきたから福沢は非常に寂しがっていたようで、彼の文章に、そういう記述がありましたね。

萩原　ええ。さっきも申しあげましたが、侍の持つ一番良質な部分である「瘦我慢」の精神、それではやや古めかしいので、独立の精神とか抵抗の精神と福沢は呼んだわけですが、これを福沢は一番重視した。だから西郷隆盛を弁護し、勝海舟を批判した。しかし、そういう要素が、弟子からは欠落してしまう。文明開化だ、牛肉を食え、株式会社を作れ、金をもうけろという面だけ、弟子がうけついでいく。

司馬　三田自身も、官学に対抗する私学としてしか存在しない、ということにまでなってゆくのですね。

萩原　つまり、三田も、もう一つの官学になる。そこで、晩年の福沢は、宗教に目を向けますね。

司馬　刀折れ、矢つきて。

萩原　まったく、そうとしかいいようがない。福沢は宗教を信じていなかったからこそ、独立の精神でいこうとしたんでしょう。

司馬　そうですね。キリスト教という一大原理を入れずして新国家ができる、と福沢は信じていたようですから。

萩原　だから悲劇になるんですね、本当の意味での。そのとき、福沢の息子たちは、親父は耄碌《もうろく》したんじゃないか、と思ったらしい。もう誤解されるより仕方がなかった。

魅力のない大正以後

司馬　宗教といえば、明治初期では、武士階級から熱心なるキリスト者が出ておりますね。旧原理が通用しなくなった以上、新原理を持たないと居ても立ってもいられなかったという精神発作《ほっさ》があったからではないでしょうか。

萩原　江戸に一種の原理があったということの、逆の証明になりますね、それは。居たたまれずに、キリスト教に傾斜していく。吉田松陰なんかも、あのときアメリカに渡っていたら、キリスト者になって帰ってきたかもしれない。

司馬　いいクリスチャンになるんですね。坂本竜馬を殺したといわれる今井信郎《のぶお》という旧幕臣も、晩年に静岡で伝道師のようなことをやった。写真を見ると、いい顔をしていますよ。明治期の筋目のいいクリスチャンの一人でしょう。今井は、旧幕臣であり、京都見廻組《みまわりぐみ》の幹部として、暗殺にもずいぶん参加していますが、そのことを懺悔《ざんげ》してクリスチャンになったのではないと思うんです。それはそれで、徳川武士としてやるべきことをやったと思っていたでしょう。

今井信郎のようなオクタン価の高い心情の持ち主にとっては、幕府と武士が滅びたあと、武士イズムにかわるべきものを自分の生きていく基盤にしないと、今井そのものが存立できなくなる、と考えたのではないでしょうか。そうとでも考えなければ、明治のクリスチャンがあれほど特異な存在にはならなかったと思います。大正期になると、キリスト教は風俗化したり、非常にモディファイされたような感じの存在という印象になってしまいますから。

萩原　昭和になるとこれはキリスト者に限りませんが、もういけない。というと、いいすぎになるでしょうが、ともかく人間の社会も、全体がヤワになるというのでしょうか。それで、どうもぼくは、大正、昭和をやる気がしないんです。（笑）

司馬　まったくそういう観はありますね。大正、昭和となると、時代にも人間にも、立っている基盤がどこにあるのか、よく見ると何もない。秀才の人口はたしかに前の時代よりもはるかに多いけれど書くに価する人間がきわめて少ない。たとえば、日露戦争に従軍した外国武官たちの何人かが、日本の将軍について書いていますね。同盟国だったイギリスからは、ハミルトンという文章の上手な中将がやってきた。この人は、日本軍の少将以下をちっとも評価していません。

べつに大将とばかり接触したという意味ではなく、一番すばらしいとしたのは、黒木為楨《ためもと》（一八四三〜一九二三。鹿児島生まれ）だったようですね。黒木を侍と評価している。黒木の下には、黒木よりずっと頭のいい将官たちもいるんですが、これは大して評価していない。非常に軽薄なる存在としてしか見なかったんじゃないでしょうか。

児玉源太郎（一八五二〜一九〇六。徳山出身）もずいぶん賞められています。児玉は外国語ができませんでした。当時の大将は乃木さんにしても外国語はしゃべれなかったけれど、児玉はもう日本語一点ばりで、ハミルトン中将にどんどん話しかけていく。そのくせハミルトンは児玉を作りあげているシンが何かということをよく理解したようです。児玉は身長が五尺（約一メートル五十センチ）あるかないかという人でしたね。ハミルトンはイギリス人としても背が高すぎるほどの人で、体格の差はずいぶんあるんですが、それでもハミルトンは児玉に大きさを感じて評価している。

萩原　そうですね。

司馬　児玉は、むしろ西洋人的だとハミルトンは書いていますよ。逆に、福島安正という少将がおりましょう。彼はあの有名なシベリア横断でヨーロッパにも報道され、外国生活も長く、天才的な語学達者でもあった。しかしハミルトンは、福島には外国人に対して無用に警戒的なあの特有の陰気な面がある、として好意を感じない。福島ほど世界をよく知っていて、語学上手な男が日本人的で、英語もしゃべれず、外国留学もしたことがない児玉に世界性がある、と、ハミルトンはその対比をおもしろく書いていますね。

萩原　外国人とつきあうのに、決して語学は第一条件じゃないということですね。

司馬　まあ、このことは当時の大将の年齢層が、まだ江戸原理を持っていたということでもあると思うんです。少将といえば四十五歳前後、大将は六十歳前後。この世代の断層は非常に大きかったんじゃないでしょうか、外国人の目から見ても。

萩原　そうもいえますが、佐官クラスのたとえば広瀬武夫にしたって、まだ江戸原理を持っていたんじゃないですか、第二次大戦のときの将校にくらべれば。

司馬　そうですね。大正、昭和という褌《ふんどし》の外《はず》れた時代からみたら、当時の少佐や中佐でも江戸原理の人だった、ということはいえましょうね。日露戦争が終って、それがフッと消えたということでしょうか。

日露戦争と現代

萩原　そこで話は現代にとびますが、通称〝ニクソン・ショック〟と呼ばれる一連の出来事から生ずる状況と、日露戦争以後の日本の状況と、ある意味では似ている点がずいぶんある。

司馬　むろん、そっくりだという面があります。

萩原　日清、日露の勝利と、いまの高度成長。日清、日露の勝利は軍事的なもので、現在のは経済的なものだというちがいはありますが、たしかに似ている点がある。

幕末から明治初年にかけては、イギリスが音頭《おんど》をとっていたわけですね。そのころアメリカは南北戦争という国内問題をかかえていて、出てこれなかった。しかし、それが片付くと、日本を舞台にイギリスと外交的に競合するようになる。不平等条約の改正問題にしても、一番きびしい態度をとったのはイギリス、好意的だったのはアメリカでしょう。だから、日露戦争ぐらいまでの日本と、それから今度は敗戦後、今日までの日本と、いわばパトロンは同じようにアメリカなんですね。

司馬 それは好悪《こうお》とはべつに虚心に認めなければならない。

萩原 しかし、アメリカは日露戦争を見ていて、日本がアジアにおける優秀な生徒である時代は終ったことをはっきり認識した。いまの言葉でいえば、パートナー、いや、ライバルになる可能性があると、アメリカはさとったわけです。そして日露戦争以後、アメリカはアジアというより、日本に対する干渉の動きを見せ始めますね。

日露戦争のさい、ルーズベルトは金子堅太郎に会ったり、講和会議を開いてくれたりしたけれど、講和の進む過程で最後まで日本に好意的だったかというと、そうではない。

司馬 そうじゃないです。

萩原 大局的にいえば、日本を助けてくれたことはまちがいないけれど、アメリカの当時の世論は微妙に揺れ動く。

司馬 そう、微妙です。つまり、日本が考えている値段ではなく、非常に押えたアメリカの値段をつける。なぜ押えたかというと、アメリカにとってロシアの膨張も困るが、日本が膨張するのも困るからです。ロシアの膨張はその当時、一応ストップしましたしね。

それともうひとつ。外国人に対して、いつも考えておかなくてはならないことがあります。ルーズベルト大統領は偉い人だった、非常に紳士的な態度で日本を助けてくれた、と日本人は思いがちなんですね。しかし、ルーズベルトは、日本が日露戦争で勝った以上、アメリカも将来起るかもしれない対日戦のための大海軍を建設しなければならないとして、太平洋艦隊を充実させている。フィリピンを守って、対日本戦略基地とするという戦略が日露戦争後に確立するわけでしょう。さらに日本に遠征できるかどうかをテストするために、大規模な艦隊を世界一周させ、日本にも立ち寄らせている。はっきりと戦略的な措置であって、そういう事実を頭に入れておかなければいけない。国際関係というものは非常に微妙なもので、いろいろな要素が二重、三重に積み重なっている、ということが、なかなか日本という地理的環境のなかではわかりにくいんですよ。

萩原　そして、一九〇七年には日本人の移民労働者をしめ出す大統領令を出している。

司馬　まったく陰鬱な日米関係がはじまりますね。

二十一カ条の暗影

萩原　歴史は必ずしも繰り返さないけれども、いまの日本の状況はあのころとどうも似ている面がある。ただ幸いなことに日露戦争当時は、まだ江戸文明の遺産があった。日本が決定的におかしくなるのは、第一次大戦中の二十一カ条要求（一九一五年、中国に提出した日本の権益拡大要求。関東州租借、南満州鉄道権益期限の延長はじめ法外な要求であったため、反日、排日運動を激化させた）あたりからですね。もっともあのころでも、山県有朋《ありとも》など、保守反動の親分のように思われていた長老級が、非常に慎重なんですね。シベリア出兵（一九一八年から数年間の日米英仏によるロシア革命への干渉戦争）などでも、張りきっていたのは、むしろ若手、いまでいうと、「GNP派」とでもいうべき人たちです。

司馬　つまり官僚的テクニシャンたちですね。

萩原　保守反動とかいわれようと、山県たちは、明治国家をつくり、日清、日露を戦い、自分たちがどれほど辛い目にあってきたか、不平等条約の改正にどれだけ時間がかかったか、骨身にしみて知っていましたから。

司馬　その知りかたは、満身創痍《そうい》で知ったものでしょう。

萩原　だから不安だったと思うんです、彼らは。しかし、そこに登場したのが大隈《おおくま》重信です。彼は、明治十四年の政変で放りだされて、野党のリーダー格になったでしょう。大隈も頭のいい男だから、放りだされずにいればよかったのでしょうね。政治的な判断とか政治的な英知は、やはり経験の蓄積によってしか生み出されないものですからね。しかし、いまの社会党みたいな野党にいて……。

司馬　ホラを吹いていればそれでよし、という年月が長かったですから。

萩原　その大隈が、じつに大事な大正三年（一九一四年）という年に内閣を組織した。二十一カ条要求という、日中関係の転回点となることをしたのは、大隈内閣ですからね、実に象徴的なことだと思うんです。

司馬　日本を今日たらしめたのは、二十一カ条ですね。あれが一番大きかった。

萩原　そうだと思います。もしあのとき大政治家が首相の地位にすわっていて、雅量《がりよう》を示したら、日中関係は、ずいぶんちがったものになっていたんじゃないでしょうか。日清戦争は、その後の日中関係にとって、決定的なものではない。あれは、清朝政府と戦ったんですから。

司馬　漢民族にとっては、ありがたかったんですよ。

萩原　だからこそ、日清戦争以後、中国から実に沢山の留学生が日本にやってきた。魯迅《ろじん》だってそうでしょう。日露戦争のときの中国側の態度もそうですね。

司馬　日露戦争のころは中国側は親日的であって、親露的ではなかったですね。日本にロシアの侵略を防がせる。むろん日本は惚《ほ》れられていたんじゃなくて、その力を利用されていたんですが。だから北京はいろいろと情報を東京や満州の総司令部に送ったりもしています。

萩原　やはり、日清でも日露でもなく……。

司馬　二十一カ条です。

萩原　それが今度はいつ来るかということになりますね。二十一カ条と同じものが来るとは思いませんが、それと類似の役割を果すようなものが来るかどうか。これは中国問題の専門家に聞きたいところですね。

中国がなぜ警戒するか

司馬　おっしゃることはよくわかります。つまり、中国人は日本に原理なしと見ておりますからね。日本人は力のみで、力を発揮するまでは外交交渉をするだろう。いまは商人外交が始まっておりますね。商人は争って北京に行く。彼らに対して、中国人はニコニコと応対しますよ。なぜかというと、日本をセッパ詰まらせるような所へ追いこんだら、破れかぶれのようにして、力を持ってくると思っているはずですから。

いまの中国は日本の武力を恐れてはいないでしょうが、日本が破れかぶれになって、何度か歴史の中で日本がやったように国家をあげて倭寇《わこう》になったら、中国は混乱するにきまっている。中国にとって当面の重大な敵は、国境をめぐる国際紛争でしょう。解決するには、おそらく、あと何世紀もかかる。そしてその間に、時にはソ連に対して武力も行使しなければならないこともあるだろうから、東方の国にヒステリーを起されては困る。

いまの中国人は、日本人をこわがってはいませんよ。論理が一応通っていますからね。しかし、その論理が消えて行動が始まるということを、やはり警戒しているんじゃないでしょうか。

萩原 原理がある相手と交渉する場合は、ある程度の安心感がある。予測の可能性がありますからね。ところが特に日本のように原理のない国は、瀬戸際まで追いつめてはいけない。これは外交の一般原理でもありますけれど、(笑) 必ず逃げ道を残しておいてやらねばならない。もし日本をあまり追いつめたら……。

司馬 もう武力ですね。ふたたび軍国主義の国になることは、いまの状況からは考えられませんが、しかし中国としては、過去にもやったのだからまたやるにちがいない、と考えざるを得ないでしょう。いま日本の商人たちを笑顔で迎えているのは、中国人の心の裏に、一抹《いちまつ》の不安があるということで、彼らの洞察とそこから出てくる演技を、日本人は汲《く》みとらなければいけないと思います。

萩原 日本人に向かって、これからは原理を持て、というのは無理な注文だと思うんです、日本には宗教的な伝統ばかりでなく、もともと原理を生む基盤のようなものがありませんから。しかし、これからは、福沢のいう「独立の精神」を持たないと大変でしょう。

司馬 だから、いまこそ、福沢的原点に立ち還れ、ということを考えてもいいのではないでしょうか。

日本宰相論

山崎正和

山崎正和《やまざきまさかず》

劇作家。昭和九年京都に生まれる。京都大学文学部哲学科大学院卒。大阪大学教授。主著に「世阿弥」(新劇戯曲賞)、「鷗外 闘う家長」(読売文学賞)、「おんりい・いえすたでい'60s」などがある。

司馬　日本がたとえば辺境に百万の遊牧民族が移動し軍事化して、このため民族の五分の一が殺されたり、地を接した隣国に英雄が興《おこ》って日本人の半分がすりつぶされたりしたような経験を、上古以来、せめて三回ほど舐《な》めて、そして日常庶民レベルで他民族と質的にも量的にも豊富に接触しているという国なら歴史的にも何人かの大宰相をもつことができたとおもいます。日本にはいい宰相はいたと思いますけど、大宰相がいたかどうか、疑問ですね。

山崎　とくに日本では宰相という観念がどの役職にあてはまるのか、ちょっと分りにくいところがありますね。

司馬　ですからこの場合は、その定義をむしろ曖昧《あいまい》にした方がいいと思います。たとえば源頼朝と幕末の阿部正弘とを同列に置くのは、いかにもまずいでしょう。阿部正弘は老中首座になって宰相的な権力というよりその勢望を得たことはたしかですが、しかし資格はあくまでも老中にすぎず、政治的抱負を実現するにはあまりにも調整すべき内部事情が多かった。そこへゆくと、頼朝はともかくも大統領ですものね。そこで一応話を誰が大政治家だったのかということにしましょうか。

山崎　そういうことですね。ただあまり話を広げると、天皇そのものも問題にしなければならなくなるでしょうから、話をすこし狭く限って、門地《もんち》門閥《もんばつ》に頼らず、政治技術をもって生きた人ということにしたらどうでしょう。

そうすると私なんか、まず第一に思い浮かぶのは摂関政治の終りの信西《しんぜい》（一一〇六〜一一五九。平安末期の廷臣、保元ノ乱で平清盛と結び権勢を得たが平治ノ乱で殺された）ですね。

司馬　ああ、それはあまり思い至らないことですね。

山崎　信西というのは摂関家の名門の人ではありませんでしたが、学問もあり、陰謀家でもあり、しかもかなりの実務家でしたね。ただこの人にはどこか政治家としての暖かみがなかったようです。それで最後はああいう非業《ひごう》の最期を遂げるわけですが、それまでになかったタイプで、宰相らしい感じのする政治家というのは、このあたりから出てくるんじゃないでしょうか。

司馬　おもしろい見方ですね。信西をすこししゃべってください。

歴史を見通さなかった信西

山崎　摂関政治というのは、いわば常識の政治ですね。根本的には律令《りつりよう》制度を踏まえた上で、それに貴族の慣習法を持ち込んで、あまり意欲的、意識的な政治をしなくなった時期です。そういうときに信西は、王政復古というか、天皇親政という一つのイデオロギーをもって登場した。彼は、長年門地門閥でできあがっている常識の世界の中のアウトサイダーでしたから、それがおもしろくないという私的な感情もあったでしょう。しかし彼は一方では、厳密な法律家として、常識法でない中国的な法体系が行なわれなければならないという抱負をもって登場してくるわけです。

ただそれが保守的な王政復古という形でしか働かなかったところが、一つの限界ですし、やはり成り上って来た人間の特色でもありますしね。

司馬　日本歴史の中における一つの型ですね。というのは藤原氏といっても加賀掾《かがじよう》の子だからずいぶん門地がひくい。それが多少の閨室《けいしつ》の縁と才気ひとつで権柄《けんぺい》をにぎったわけですから尋常な男ではないでしょうね。政争の世界に入る以前に髪をくしけずっていたら水に凶相がうつった。とても畳の上で死ねそうにないと思ってやがて僧体になる。

人相見のほうはどうかしりませんが、卑しい門地でエネルギーがあるというのはやはり当時としては凶でしょう。王朝時代を通じての大秀才だし、著書もある。恃《たの》むところのものはかれのシナ学だったと思います。日本風の律令政治がいよいよ崩れてゆくときに、かれは律令の本家が中国にある以上、そのモデルの場を踏まえ、いわば理想の場から見直しというより現実を検断してみようとする。日本にはめずらしいいきり立った政治家という感じがしますね。

山崎　具体的にいいますと、百年近く廃絶されていた死刑が、信西のときに復活するわけです。そして保元ノ乱のとき源為義や平忠正を死刑にする。またもう一つおもしろいのは、信西が大変な建築家だったことです。これも成り上ってきた人間の特色だと思うんですが、やたらに壮大な建物をたてたがる。すこし土建屋さん的なんだ。（笑）それで内裏《だいり》を復興するわけですが、これを実に短期間で完成させてしまうんです。法律において厳密な論理主義者であったと同様に、建築においても非常に合理主義者なんですね。それを建築技術に即して具体的にいうと、木組法で、一種の規格品をつくるんです。つまり部品の規格化をすることによって、非常に早く御所が建てられたわけです。

ただ彼の不幸は歴史の流れを見通していなかったというか、結局、侍というものを把《つか》みきれなかったところがありますね。自分自身が貴族の仲間はずれだったために、かえってより貴族的に振舞おうとした。そのために武士と繋がることができなかったんですね。それと彼のもう一つの不幸は、その背後に希代のマキャベリストたる後白河法皇がいたことでしょう。そして最後は、平清盛に後からバッサリやられるような形で殺されてしまう。

こういうタイプの人間は、信西以前にも、法律学者という形では役人の中にいたと思います。しかししばらくの間でも権力を壟断《ろうだん》したのは、信西がはじめてじゃないでしょうか。

司馬　菅原道真などは、何も大したことをせずに終りましたからね。

山崎　道真がやろうとしたのは、そういうことだったかもしれませんね。

司馬　だけどあの人には政治家としての資質が非常にすくなかったようです。いい人にはちがいないが、ああめそめそしていては血と脂の世界はさわれない。

信西といえば、この前、京都の北の方、ほぼ福井県との県境にある大悲《だいひ》山峰定寺《ざんぶじょうじ》という山伏寺にゆきましたが、寺の伝承では信西と清盛がその建物をつくったということになっています。本堂は岩壁にもたれかかるようになっていて、ちょうど清水《きよみず》の舞台式のものですね。素人《しろうと》が見ても実に奇抜な建築ですが、大変堅牢で、どんな台風にも耐えてきたらしいんです。信西が建築家だったと聞いて、そのことをフッと思い出しました。

政治家は何かを建てたがる

山崎　考えてみれば、政治家というのは実にあやふやな存在だと思うんですよ。それは一言でいえば、人の心を動かし、行動に駆り立てる技術ですね。しかし人の心はたしかに動きますが、動いたということが何ら形となって残らない。政治家の心には、いつもその不安があると思うんです。

どんな偉大な政治をやっても、統治の晩年にひっくりかえされてしまえば、ゼロになってしまう。そこでどうも政治家には、物を建てたがる本能的な欲求が出てくるんじゃないでしょうか。政治と物を建てるということの間には、何か宿命的な繋がりがあるような気がします。

それを見ていると、政治というもののもつ本質的な弱さ、悲しさがむきだしに出ているような気がしてなりません。

司馬　そうですね。これは宰相ではありませんが、隋《ずい》の煬帝《ようだい》なんかも大運河などという途方もない土木工事をやったりしますね。歴史への記念でしょうね。もっとも中国では大土木や大建築をたてた帝王はあとはほろびるといいますけれど、煬帝も日本の秀吉もそうですね。

山崎　天平《てんぴょう》というのも、あれだけの治世をやりながら、最後には大仏をこしらえて、それで傾いてしまうわけですからね。いつの時代にも、政治家は何かを建てたいんですね。現代だったら万博をやるとかね。

司馬　私ははじめに日本の政治家を思い浮かべて、どうも型としての大きさに欠けるということを言いましたが、それは日本人にとっては、日本のこの島だけが世の中で、ほかのことは考えなくてもよかったからかもしれませんね。外圧というのは元寇以来、何回かあるけれども、それもほんの皮膚摩擦程度で終った。

山崎　それは大きいですね。

司馬　外圧ということで話はいきなり近世へとびますが、阿部正弘という人は、いま山崎さんがおっしゃったように、何をしたのかよく分らない人ですね。形としては残りにくい人だった。しかし宰相としてはよほど名宰相の資質をもっていたらしく、それは同時代の筋のいい連中がみな認めるところです。彼は天保《てんぽう》の末年《まつねん》に老中になって、安政四年に死にますが、在任中にペリー来航があり、その開国の要求をのんだ幕閣《ばつかく》の一人だった。

彼はいわゆる外夷が日本の近海に出没しているという噂をオランダ人から聞いて、すでに事態を予知していました。しかし自分たち幕府の高官は何も手を打たなかったということを、非常に反省もしくは反省をあらわに表明します。為政者だけが予知していても、世の中が現実にショックをうけなければ政治は動けないという機微をそのように言ったのだと思います。

もっとも正弘は事前になにもしていないわけではない。ペリー来航以前に、すでにそういう危機意識をもっていて、その相談相手として閣外の、政権とは無縁の、ただ徳川家の親類であるというだけの水戸烈公《れっこう》を選び、しばしば彼のもとをおとずれたことです。水戸烈公、つまり徳川斉昭《なりあき》というのは、歴史の沸騰が去ってしまえば実につまらない人なんです。大ボラ吹きで、知的用心棒の藤田東湖《とうこ》の創見をしゃべっているだけにすぎない。色好みでエネルギッシュなタイプとしては後白河法皇にやや似ているけれども、えげつなさや策謀能力など、徳川貴族だからその五分の一もない。しかし正弘はあえて水戸烈公をえらんで組むわけです。

なぜかというと、ペリー来航前後にかけて、水戸烈公が在野勢力の総裁みたいな雰囲気になってきたからでしょう。いわゆる尊王攘夷《そんのうじょうい》の志士という在野勢力は、有志の大名も含めて、水戸のご隠居が出てくれれば天下はまとまる、日本は救われるという、ほとんど迷信に近い気分をもっていた。この時代的気分という、過ぎ去れば夢のようなという集団錯覚をはずしては、当時の歴史も、水戸斉昭というごく一時期の世間にまばゆいような大光芒《だいこうぼう》をなげかけた人物も分らなくなるんです。つまりそれが野党総裁だった。水戸家の殿様ですから、絶対幕府の番頭政治の中には入ってゆけない。そのため自然野党総裁というより現実的な口ききも出来る評論家というような存在になったのです。

　そこへ他の老中から、ああいうお方に阿部殿はなぜ肩入れするのだろうと笑われながら（老中たちは烈公については醒めていました）正弘はしげしげと足を運ぶのですね。そしてペリー来航以前に、すでに阿部正弘と水戸烈公のラインが出来て、一つの勢力となり、結局野党を抱き込む形で、正弘は開国に成功する。

　正弘くらいの人物なら、水戸烈公がどの程度の人間かが分っているでしょう。だから意見が聞きたければ、直接黒子《くろこ》の藤田東湖のところへ行けばいいんです。しかしあえて烈公のところへ行く。このへんが日本の政治のおもしろいところだと思います。元来日本の野党というのは、外政問題でもって政権の当事者を揺すぶろうとするんですね。決して孤児院が足りないというスローガンでは倒閣運動をおこさない。外政問題で政治的過熱がおこるというのは、昭和初期の野党だった軍部をもふくめて、型としてはずっと以前からあるんです。

山崎　なるほど、それはおもしろいなあ。

司馬　ですから宰相論の中に当然問題になってくるのは、宰相の敵である野党でクレマンソーの如きものがいたかということなんですが、どうもそれがいなくて、水戸烈公程度なんですね。阿部正弘にもどりますが、政権担当者としては、そういう、野党対策というか、野党のエネルギーも利用するというやり方を常に考えなければうまい政治家ではない。正弘がそれをやった最初の人かもしれませんね。これは信西とはちがった宰相の一つのタイプですね。

強者を闘わせた後白河法皇

山崎　その阿部正弘の行動は、日本の宰相の本筋だと思います。私は信西という人をいわゆる宰相らしい行動をとった政治家の原型として申し上げたんですが、それが果して日本的な宰相であったかというと、決してそうではなかったんですね。信西は、よかれあしかれ一つのイデオロギーをもって、自分の見識で何でもやろうとした。彼は自分の頭に完全な設計図があって、それ以外のものはまったく見えなかった。それで猪突《ちょとつ》猛進して、ひっくりかえってしまう。

　しかし阿部正弘という人は自分の見識があっても、野党をひっぱりこむ。いろいろなバランスをよく見て、その中で行動する人ですね。そのバランスが見えなかった信西というのは、日本の政治家の中にときどきある例外的なタイプで、こういう政治家は常に失敗するようです。そしてそういう失敗役の後には、必ず落したタマを拾う役がいるわけです。信西の場合は、それがまさに後白河法皇だったと思うんです。

　後白河法皇という人は天皇ですから、もちろん宰相の範疇《はんちゅう》に入りませんけれども、実に賢い、政治のわかった人だったと思います。後白河法皇は信西が一人で何でも決めてゆくのを、後から冷たい眼で見つめていたんでしょう。それで自分はそれとは逆にやってやろうということを身に滲みて学んだんだと思います。それから後彼がやることは、列強の力、平家なり、源氏なり、木曾義仲、それに南都と叡山《えいざん》という二つのお寺を動かして、自分はいつもその後に隠れるというやり方ですね。

まあこの後の宰相の一つの型は、この後白河法皇の行動から出て来ているだろうと思います。その一番最初の形は、おそらく北条泰時《やすとき》ではないでしょうか。北条家というのは言うまでもなく執権《しっけん》ですから、幕府の将軍ですらない。カリスマという点からいえば、天皇から三段階も遠い。しかも北条家は、いわゆる関東御家人集団の中ではむしろ小さな家だった。

司馬　そうです。北条氏の関東における素姓はわりあい悪いです。

山崎　素姓が悪く、カリスマがなく、武力がさほどでもないものが、政治の技術で生きぬいていくわけですが、泰時の場合は、信西のやり方をとらず、後白河法皇のやり方をとるんですね。つまり次々と強い者を闘わせて、最後に自分が残ってゆくという方法ですね。しかも北条家は義時の代に大もめにもめ、その死にもかなり謎があるらしい。そのあとを引き継いだ泰時は、叔父の時房を引き込んで連署《れんしょ》という制度をつくり、わざわざ権力を二分してまでバランスを保とうとする。そういう野党的なものまでうまく使ってゆくやり方の方が、ある意味では、日本の宰相の原型かもしれませんね。

公・私をわけた北条泰時

司馬　日本の地理的歴史的環境では自然とそういうワクができあがってくるかもしれませんね。泰時などはある意味では、日本の宰相の理想に近い姿といえるかもしれません。つまり日本の宰相というワク内でステーツマンシップを成立させたのは、泰時のときだといっていいんじゃないですか。いかにも政治家らしい政治家が出てきた感じです。実に「私」の少ない人で、「公」ということをたえずいっていた人でしょう。

山崎　そうですね。

司馬　まったくめずらしいことで、実際の政権の座にあるもので「公」をいったのは、この人が最初じゃないかと思うんですよ。

たとえばこういうことがありましたですね。泰時が執権のとき、和田義盛の一党が鎌倉で擾乱《じょうらん》したことがあります。大江広元と北条家が幕府の番頭のくせに実際の政権を握って、俺たち武功のあった家は無視されているというのがその言い分でした。泰時はその防衛戦に立ち上り、軍事的にまあそれを撃退するわけです。すると有名無実化した将軍家から論功行賞《ろんこうこうしょう》の申し出があった。たしか陸奥《むつ》の一荘園をくれるというようなことだったと思います。泰時は結局はこれをもらってしまうんですが、ずいぶん辞退するんです。私は戦って和田氏を撃ちましたが、しかしこれは「公」のことではありませんと言ってね。つまり和田義盛は幕府に刃向かったんじゃない、私の家を敵にしたんです。要するにこれは私闘であって、論功行賞に与《あずか》るようなことではないというんです。「公」と「私」があるんだということを、泰時はことあるごとに口やかましく言います。まあ結局はそれをもらって、よく働いた連中に恩賞として分けてしまうんですが、何かにつけてそういうポーズをとる人でした。それは彼の政治家としての一生を貫いていますね。

またもう一つの泰時の特色は、百姓の面倒をよくみたことです。それ以前のものは百姓がメシを食えなくても平気な顔をしていましたが、泰時あたりからの北条政権はわりあい百姓に暖かかった。もちろん北条家の私領の百姓の世話をするわけですが、飢饉で飢えているといえば、すぐ行って年貢を一年間勘弁してやったりする。また翌年飢饉でうまくいかないと、もう一度行ってみんなを集め、証文を全部火にくべちゃったりする。その上米を一升とか一斗ずつ分けてやる。やっていることはつまらないことなんですが、そういうスタンドプレーをやることによって政治とは何かということを世間に考えさせたのは、やはり泰時が最初じゃないかと思います。

山崎　おそらく「公」と「私」とを区別することによって、私兵の集団であった鎌倉政権というものは、一つのガヴァメントになったんでしょうね。

司馬　新鮮な見方だな。そういうもっとも基本的問題の解決とからんでいるのだと思います。

機能をみつめた北条政権

山崎　もう一つおもしろいのは、この人は道理ということをさかんに言った人らしいですね。ただその道理は、信西の言うのとはたいへんちがうようです。信西のいう道理とは、論理、つまりロゴスですね。ところが泰時のは常識なんですね。英語でいえば、コモン・センスでしょうか。だから御成敗式目《ごせいばいしきもく》をつくるに当って、彼がもっていた見識というのは、いわゆる律令の論理ではない。そういう法体系ではないものをという対抗意識をはっきりもっておりますね。律令というのは、なるほど立派な法体系ではある。しかし民百姓が見ても分らん。東国の侍が見ても分らん。しかし民百姓や侍には常識というものがある。人間の感情をも含めた論理といいますかね。そういう生活に即した常識を軸として、法体系をつくるんです。ですから非常に雑駁《ざっぱく》なる比喩を使えば、律令のドイツ法的な体系に対して、イギリス法的な体系をつくりあげたといえる。泰時はそれを非常に意識してやった人ですね。

司馬　その上自らは、北条政権の当主が日本の構造の中で置かれている位置を、実に明快に道理で知っている感じがするでしょう。つまり多分に非合法性の濃い鎌倉政権のしかもかれは執権という法理論的にはアイマイな存在ですからね。自分の位置を充分に認識して、たえずいいことをしつづけることによって公的な政府として認めてもらいたいという欲求があった。ですからほとんど実力を失ってしまっている京都勢力に対しても、その神聖性を充分に崇《あが》めるわけです。日本国は天皇のものである、これはどうしようもないことだ、と泰時は本心はどうか知りませんが、表向き考える。しかし神聖者の中にはときどき浮世に対して暴れようとする天皇がいる。そういう天皇や院は民百姓の苦しみになるので、そのときには武力を使って、何とかほかの島に行ってもらう。そういう暴慢な神聖者を閉じこめるのが、自分たち北条政権の「公」の一つである。神聖者の害をふせぐものが日本にいなければ、日本の社会は真っ暗闇になってしまう。北条政権というのは、自分のそういう機能というか機能性だけを認識してじっと見つめて過不足を考えないというところがありますね。北条政権を栄えせしめると、将軍家を乗っ取るとか、場合によっては天皇家まで奪うというようなことは一切考えていない。また官位も非常に低いままで決して欲張らない。

　またたとえば幕府の中に法華《ほっけ》堂《どう》という将軍家の持仏堂がありますが、そこへお参りに行っても、泰時は上に上らず地面で拝礼するんです。いくら坊さんが上にあがるようにすすめても、自分は前将軍が生きておられたときも上にあがったことがなかった、だから上らないといって動かない。そういう演技を通じて彼が見つめていたものは、機能としてだけの自分の存在なんですね。それを見つめつづけているかぎり北条家も、自分も安全だということを知りぬいていたんでしょう。

山崎　いまでこそ政府は機能であり、宰相は機関《ファンクション》だということは誰でも知っていますが、当時としてはたいへんなことだったと思うんです。

というのは信西も自分をファンクションだと思っていたようなフシがある。しかしいかにもやり方が下手で、滅びてしまうわけです。このファンクションでありきろうとすることは、よほど豪胆な人でないと持ちきれない神経らしいですね。清盛のような豪胆な人物でさえ、そのことの他《ほか》に、天皇の血筋が自分の中に流れていることを強く意識していますからね。ああいう時代に自分の中に何の正統性もなく、唯《ただ》ファンクションであることに徹するというのは、たいへんな度胸だと思います。

私は、人間が何かやるときに、その人の心の支えが何だったかを考えるのが好きなんですが、清盛の場合をみておりますと、天皇との血筋を考え、それでもまだ足りないと、娘を入内《じゅだい》させて天皇の外戚になろうとする。孫に当る安徳天皇を抱いて清盛が涙を流したというような逸話を読むと、逆にそれまでの清盛の不安な心境がわかるようです。

つまりそういう突っかい棒をいくつも立てておかないと、権力の座というのはたいへん寂しいもののようですね。

ところが北条というもの、とくに泰時の段階の北条は、平気でそういう突っかい棒を否定してしまう。

司馬　しかしそのポーズをしょっちゅうみんなにみせて、宣伝もし、北条氏はえらくもなく害もないんだ、ファンクションにすぎないんだよ、と世間に言いつづけている。これは自己保存のためでもある。好悪は別として名人芸といっていいような政治だと思います。

山崎　逆の宣伝もありえたはずなのに、泰時はそうしませんね。もっとも北条家もあとで『吾妻鏡《あずまかがみ》』をつくるときには、自分の家の歴史について、かなり粉飾もしていますが……。

司馬　義時、泰時の代になって、はじめて「いざ鎌倉」という言葉が出来るんですね。頼朝のころにはまだ出来ていない。やはり北条執権政府というのは、あれは必要なんだということ、御家人たちにそれだけ認められたんでしょうね。

愛嬌のかたまり足利尊氏

山崎　ただね、私は泰時を言葉を極めて褒めるんですが、一面宰相としてどこか欠けていると思うのは、かわい気がないことですね。（笑）どうも色気がない。

どうも北条家は、歴代そういう意味の愛嬌、色気というものがつかなかったですね。

私は、そういうものも宰相の資格の一つだと思うんです。それが欠けていたことが、後に東国武士たちが北条をひっくりかえして足利についた原因ではなかったでしょうか。

司馬　北条歴代にひきかえ、足利尊氏《たかうじ》などは愛嬌のかたまりのような人間ですからね。

山崎　源氏の貴顕《きけん》であること自体一つの色気ですね。彼の実際の行動様式をみると、まさに北条的な政治技術者だったと思うんです。

しかし彼にはカリスマもある。この二つが東国武士たちに理想の政治形態として映ったと思うんです。もう二度と、北条以前の古い政治に戻るのはゴメンだし、自分たちの経済的基盤を危うくするのも困る。かといって退屈な政治も困る、というのがすくなくとも初期の足利の基盤になっていたと思います。一方には後醍醐天皇や、護良《もりなが》親王のような、いわば信西型の人物がいたときでしたしね。

司馬　足利が立ち上ったとき、澎湃《ほうはい》として尊氏の下に集まってきたのは、そういう気分からでしょうね。もちろん無数の重大な要因はありますけど、北条氏があきられたこともその一つでしょう。いま一つは、信西型の後醍醐天皇が中国的イデオロギー（皇帝専制）一枚看板で押してきたことに対する在郷在郷の武士の現実感覚からの恐怖が、押し立てて対抗させる者を必要としたのでしょう。北条氏ではとても小さくて対抗上の看板にならない。やはり源氏の旗頭の尊氏がいいというふうに。

不思議なことに北条時代というのは、後の世の人もあまり懐しまないんですね。泰時というのも渋い政治家で、これをほめるのは勝海舟のような玄人ばかりでしょう。

欲得の時代を生きる

山崎　日本史の一方には、たいへん理想主義的な、イデオロギー的な政治家がいますね。また一方には、完全に官僚化した社会の中で、それをマシンとして動かしているものがいる。しかしそのどちらが宰相になっても、日本という国は不幸ですね。ただその中間に生まれてくるもの、たとえば泰時のようにイデオロギーでもなくマシンでもない、常識、道理といった軟かい部分に乗って動ける人物が、たまたま出てくる。それがどうやら日本の政治リーダーシップの一番いい形じゃないでしょうか。

司馬　そうかもしれませんね。

山崎　結局それですむのは、先ほどおっしゃったように、国の外側がないからでしょうね。

司馬　内側の調和さえはかればいい時代には泰時型がいいのでしょう。

山崎　尊氏というのをもうすこし考えてみると、彼はいままでの範疇ではほんとうに宰相であるのか、あるいは大統領なのか。

司馬　私は大統領だと思います。彼は、律令体制をもっと本場の中国風的なものに読み直して、しかも日本的な公家の特権も復活して皇帝政治を始めようとした後醍醐天皇に対抗して、それじゃ現実が困りますと言った勢力の代表ですからね。現実というのは実際に田地をもち、耕して、その直郷の小さな行政もしている連中のことです。その代表として最初につまり頼朝がいて、次に尊氏が出てそれを大きく再確認した形です。それで日本史は非常にいい姿になっています。

日本史において民衆レベルまでが歴史に参加できたのは、頼朝の挙兵から足利尊氏の最初の段階ですね。この二人がいなければ、日本の歴史はついにわれわれのものではなかったんじゃないか。もっともそれでは困るというので後醍醐天皇は中国皇帝のように出てくるわけですが、その大野望が、建武中興の失政で、うまい具合にひっくりかえってくれる。それをひっくりかえした尊氏というのはそれからいえば爽《さわ》やかな印象の歴史像をもつべきはずなのに、どうも後世尊氏に対してそうなっていない。それはその後の宋学的な史観が後醍醐天皇を正義とし、尊氏を賊としたことにもよるんでしょうね。また同時代の評判でも、相手が天皇ですから分が悪いです。尊氏にとっても、賊とよばれることはつらいところだったでしょう。賊といわれたくないということでのふんぎりのつかなさが、彼の一生を貫いていて、そのことで消耗して内政上は大した治績もあげていない。

ただ尊氏の偉大さに比べて、そのあとに始まる室町幕府というのは実にだらしない政権で、政治的没理想のモデルみたいなものです。そのくだらない政権の元祖が尊氏だから、よけい悪く見られるところがあるんですね。

山崎　そうなんでしょうね。

司馬　尊氏の時代はまったく欲得の時代で、南北朝の乱も、具体的には上は天皇から下は在郷の連中たちの津々浦々の家々の相続法の紊乱《びんらん》のために起ったものなんですね。村落の地頭ともいえない地主階級から天皇家まで、すべてが宮方と武家方の真二つに分れて争った。そんなときに、さっきの泰時の言葉を借りれば、道理の裁判をするという期待のもとに尊氏は出てくるのだと思います。

山崎　ただこの時代でおもしろいと思うのは、後醍醐天皇にも、尊氏にもキッシンジャー的な補佐官がいて、それがより果断な決意をするんですね。それを本人たちがためらいながら調整して、完全な分業体制になっている。後醍醐天皇でいうと、帝自身も果断な人なんですが。それ以上に果断な護良親王がいて、どんどんことを進める。後醍醐天皇は仕方なく追認して、一緒に動くというようなところがありますね。

また尊氏の場合は、それが弟の直義《ただよし》だった。たとえば彼の軍隊が天皇の軍隊と正面から戦争という事態になったとき、官軍が箱根まで迫ってきても、ご当主の尊氏は戦争をしないと言ってきかない。何とか起たせようとみんなで迫っても、自分は髪を半分切ってお寺に入ってしまう。そうすると思いあまった直義が、ここで降参しても賊軍として誅殺《ちゅうさつ》され、家は断絶されるだろうというニセの勅書を作って、みんなに見せるんですね。すると一斉に気分が盛り上り、尊氏もそれでは仕方ないということで立ち上る。こうしたことはもちろん意図的な演出だと思いますが、実にうまい。両者の間の逡巡と討論との間に、世論の形成がおこなわれてゆくわけですね。

司馬　そうです。そこが日本の伝統的な統帥《とうすい》法ですね。

山崎　この形は他にもたくさんあって、新田義貞もそうですね。彼には脇屋義助《よしすけ》という弟がいて、それがやはり先に決断するわけです。名和長年もそうで、親類の会議をやると、必ず果断なことを言うものが出てくる。またそれに反対するものも出てくる。それらに討論をやらせておいて、最後にトップが決断を下す。決断を下すのは、いつも一番最後なんですね。

人間を機能として見る

司馬　戦国時代の武将もそうです。織田信長のような人でさえ、最初には発言しません。信長はかつての氏族社会の長ではなく、非常に機能的な武将群を自分でつくりあげ、それを動かしていた人ですから、充分に独裁権をふるえるはずなのに、軍議のときは必ず誰かに言わせていますね。そして甲論乙駁させた末に、どちらかの意見の上に乗っかるという形をとるのです。そうすると、反対していた連中も納得して、信長を自主的にかつぎ上げたという気分になる。
ただ信長の感心なところは、信長自身にかれの宰相がいたかというと、いないんですね。機能的な部将たちはいましたけれども、みな部署部署の武将です。

山崎　豊臣秀吉はどうですか。

司馬　これは一番傑作というか、ほめていえば独特のありかただったんじゃないでしょうか。秀吉は要するに織田家宰相とか、番頭とかいう位置であったことはありません。かれの信長における価値は信長に金をもうけさせてやるということで、秀吉ははっきりそう意識して自分を位置づけています。秀吉は若いころから、たとえば五十石もらえば親方に三百石もうけさせる。そうすると親方は昂奮して三百石の仕事をさせる。すると今度は千石もうけさせてしまうという代理店のような形です。美濃一国をとるときも、秀吉は侍分というだけでほとんど無禄みたいなものでしたが、結構内部工作をして、織田家軍勢が行けばあまり衂《ちぬら》ずに親方に儲けさせるというやり方をとっています。

山崎　そうすると、やはり佐藤さんにおける角栄さんですか。（笑）

司馬　まあ織田家時代の秀吉のあり方はべつとして、信長にとっては宰相とか、参謀とか副官とかは必要なかったようですね。

山崎　あるいはそれが使い切れなかった人なんでしょうか。

司馬　性格的にそうかもしれません。しかし織田家の武将たちと、信長とくらべると天稟《てんぴん》において違いがありすぎたということはいえないでしょうか。信長という人は、部署部署の武将は全部自分で発掘し、教育して、使いやすくしちゃうんですね。家柄を背景にしているのは柴田勝家くらいじゃないでしょうか。しかしこれも使えるというので、五大老の一人にしている。

つまり信長は味噌をするにはすりこぎと鉢が必要だ、という程度に、そのように人間を見ていたんじゃないですか。自分の組織を完全にマシンとして見ていた感じです。だからすぐれた機能を果す人間をかわいがった。それに織田家の武将たちは信長のように鮮明な時代感覚をもつに至らなくて、やはり信長としてはいい話し相手はその家中にいなかったとみていいでしょう。

山崎　徳川家康という人も、信長と同じように宰相というよりは大統領かもしれませんね。

司馬　家康は最初から国主でしたから。ただ家康も変な人ですね、この人も参謀的な宰相をもっていなかったようですね。生涯ただ一人で判断し、行動したようです。晩年は本多正信なんかが、関ヶ原前後からよく働くようになっておりますが、その正信さえ「私は自分から積極的に申し上げたことは何もない」と言いのこしています。その正信で思いだしたのですが、正信はまだ若いころ、家康を一度徹底的に裏切っています。というのは三河で一向一揆という大反乱が起って、徳川家の家臣の半分が一向宗側に走ってしまった。そのときの一向宗側の、つまり労働組合の委員長が本多正信なんです。正信には正信なりに天下構想があったかもしれません。このことが、正信を知る上で大事です。一時は家康も危うかったんですが、どうにか反乱を鎮めることができた。そのあと家康はみんなに処罰しないから帰ってこいと言うんです。大部分は戻ってきたんですが、本多正信だけは帰ってこない。自分は委員長だから、自分だけは殺されるだろうと思ったんでしょうね。しかし結局戻っていったわけです。そうしたら家康はもとどおりに重用《ちょうよう》した。家康というのは実によく我慢のできる人ですね。

江戸社会のいやらしさ

山崎　日本の権力機構というのは非常に身分社会のように見えながら、実力主義で抜擢する習慣が非常に古くからあるんですね。

司馬　そうです。正信は鷹匠という卑士のあがりですもの。正信的なタイプを歴史の中で考えてみますと、たとえば柳沢吉保は旗本二百石くらいの身分でありながら宰相的存在になりますでしょう。田沼意次《おきつぐ》も五、六百石の旗本にすぎなかったのに、老中にもなり、独裁権を握って田沼時代をつくりあげるわけです。

またこれは規模は小さいんですが、幕末近くの薩摩藩に調所《ずしょ》笑左衛門という人がいます。そのときの藩主は島津重豪《しげひで》という、諸事デラックスな、中国語までしゃべれた大文化人の殿様でした。しかし放漫で、藩の財政をめちゃくちゃにしてしまった。参勤交代の費用はおろか、江戸屋敷の草刈り料も出なかったというほどです。それで誰かこの立て直しをやらないかということで人を探しているときに、調所というお茶坊主が賢そうだから、それにやらせようということになったわけです。調所はその全権をもらって、大金を借りている大坂の大商人をたずねて拝み倒したり、死ぬと言ったり、すこしずつでも返済するからとか言って、借金をしだいにタナ上げにしてゆく。また後に悪名高い奄美大島の砂糖の大搾取をしたり、殖産興業につとめたり、琉球経由の大密貿易をしたりして、またたく間に巨額の黒字を積み上げてしまうわけです。斉彬《なりあきら》からそれに引き継ぐ倒幕の資金源は、この茶坊主あがりの家老の力で出来上るんです。

ところで江戸期という社会のいやらしさはこういう成り上りの連中は働くだけ働いて必ず誰かに殺されるのです。調所も謎の死を遂げています。しかも田沼意次や、調所笑左衛門の生きた時期は、日本的な意味での資本主義が興ってきたときでしょう。封建制度の米中心の経済の中では、米が権威であり、通貨であって、それですべての政権が成立しているわけです。そこへ違う価値のものがなだれこんできたら、封建体制は根底から崩れてしまいます。しかも田沼や調所は、そういう資本主義と抱き合った形で、藩の財政の立て直しを図るわけです。だから彼らはどんなに成功しても、結局は封建的権威をまもりたいお家の忠臣からバッサリやられてしまうんです。日本のお家騒動はだいたい資本主義制度を採用したものが悪者になり、忠臣義士は米穀経済の上に乗っていることになっていますね。つまり異様な手品を使うヤツだという感じがあったんじゃないでしょうか。

これはまったくちがう世界ですが、信西の場合でも、中国というモダンな世界を日本に持ちこもうとしているらしいという雰囲気を、みんなが感じていたんじゃないでしょうか。信西伝説というのは、どこか魔法の匂いがあるでしょう。

山崎　そうですね。そうすると宰相というのは、実務的なことが出来なきゃいけないんだけれども、自分で何らかの特殊技術をもって、ひとつの分野の専門家としてやるとよくないんですね。

司馬　ええ、いまでも続いているかもしれない日本の政治のいやな面ですね。

日本史にもまれな人物

山崎　新井白石はどうでしょう。白石も成り上りですね。

司馬　白石は、日本の徳川治下の政治がどんなものかを、人に先んじて考えなければならなかったんですね。彼は浪人の家に生まれましたから、茶坊主よりひどい出身です。それが百科全書的な知識で世間に出てゆき、やがて数奇の運命を辿《たど》って幕政に参加するようになるわけです。たしか日本の徳川将軍を元首だといったのは白石でした。また彼は、天皇は山城の国の領主にすぎないとも言っています。白石はそういう法理論からいった実に明晰なものを打ち出していますね。もちろん徳川家は白石に国家学的な場所で徳川家の位置づけをさせようという利口な意図はまだなかったかもしれません。しかし幕政全体から考えて、そろそろそういうことが必要になりはじめた時期かもしれませんね。

山崎　ただ白石ほど偉くなくても、こういう類《たぐい》のインテリはたくさんいたろうと思うんですよ。ものが分り、いろんなことがよく見えるんだけれども、何の役にも立たないという人。

たとえば森鷗外の小説に出てくる安井息軒《そっけん》もそうでしたね。たいへんな学者で、田舎から出て来て将軍家にじかに仕えながら、結局は何の役にも立っていない。早すぎる知識の蓄積は江戸時代にかなりおこなわれていますが、ああいったことは間接的にでも役に立っているんでしょうか。非常に奇矯《ききよう》な例をあげれば、平賀源内がそうでしょう。いろいろなものに手を出しながら、結局何の役にも立たなかった。

司馬　源内も白石も、鬱屈した顔をしておりますね。おれの気持など誰も分らない、分るはずもないという顔をしている。

山崎　そこで幕末に入ってゆくんですが、島津斉彬はどうでしょう。

司馬　斉彬は治世期間がみじかかったために充分な評価が困難ですが、しかし見様によっては江戸期第一等の政治家かもしれませんね。

山崎　先だって『文藝春秋』で座談会をやりましたときも、結局阿部正弘と島津斉彬が日本の近代をつくったということになったんですけれどもね。

司馬　私もそれには賛成です。顔つきも非常に似ていますでしょう。二人ともまるいお殿さまらしい穏やかさと、いかにも秀才らしい知恵深さとを兼ね備えた円満な顔をしています。しかもどちらも相当ふてぶてしくて。斉彬は、土佐の山内《やまのうち》家だったかな、そこで起った相続上の問題がこじれて幕法に触れそうな問題になったとき、相談を受けて、そのとき斉彬は即座に賄賂《わいろ》をお使いになればよろしいと言ったそうです。

山崎　ハハハハハ……。

司馬　斉彬自身は清潔な人で、かれがやった藩政でも賄賂の封殺ということにやかましかった。その人間がこういうのですからよほどの達人ではないかと思ったりします。斉彬は世子《せいし》時代が長くて、藩主になるのは遅いんですが、総帥《そうすい》としての器量の大きさは戦国期にもざらに居そうにありませんね。ひょっとすると日本史の中でこれだけの人物はまれじゃないかと思うほどです。彼は江戸育ちで、二十七歳のときはじめて国へ帰り、藩主になるわけです。斉彬が殿さまになるというので、藩内はワッと沸くんですね。しかしそれに反撥するグループもいました。笑左衛門は生きていませんが、調所一派、つまり財政派がいろいろの理由から反斉彬的存在としているわけです。しかし斉彬はそれに一切目をつぶって、処罰せずに使っていますでしょう。全部ネタはあがっているのですけれど処罰をしていませんですね。

しかしその斉彬も頓死《とんし》してしまう。謎の死としか言えないんです。私は奇譚奇説をなるべく信じないようにしていますから彼がコレラで死んだという公式どおりのことを受けとるのみですが、しかし毒殺されたかもしれないという状況証拠はたくさん指摘できます。どうも日本人はこういういい人物が出てくると若死しちゃうんですね。阿部正弘も三十代に死んでますしね。

山崎　斉彬は重豪とはちがって、リアリスティックな面があったんですか。財政面も分った人だったんでしょうか。

司馬　それが謎です。財政面が分る才能は、おそらくもっていたでしょう。しかしそこにある金を無能でも何でもいまこの目的のために、たとえば藩の洋式産業化のために使ってしまおうという非農民的な姿勢はありましたね。調所笑左衛門が一所懸命積みあげた黒字をもう一度崩すんじゃないかというのが、財政派の疑いだったかもしれませんね。

情報に鈍感な民族

山崎　しかし、どうでしょう。これまでは内政家としてのタイプばかり出ているわけですが、外政にかかわるということになると、阿部正弘が一人いて、それから井伊直《なお》弼《すけ》ですか。

司馬　北条時宗が最初におりますね。しかしこれはちょっと論じにくいな。論ずる材料がないんです。あのときに、非常にドラマティックに舞台のうえにとび出てくるみたいな感じで出てきて、パッと消えるわけですからね。

山崎　ただあの時代の情報の伝わり方を見ると、よく言ってユーモラス、悪く言ってカリカチュアみたいなところがありますね。果断は果断だけれども、充分に情報をつかんで果断にやったのかどうか。

司馬　それはよくわかりません。モンゴル人が中国大陸を統一したということは、われわれ大陸の外側におる民族にとって危険だという情報ぐらいは、なんとなく入っていたでしょうけどね。しかしそういう対外危機感については、日本人は地理的環境として非常に鈍感にできていますからね。もっともひとたび過敏になれば軍部ファッショや戦後左翼の一時期のようにヒステリーになりますが。そののんきさを考えておかないと、日本の政治家の質とか、大小を論じられないと思うんです。

山崎　ただ、民族全体としては、江戸末期は情報がよく入っていたと思うんです。鎖国というのは、もちろん物質的な鎖国であっても、情報的には決して鎖国ではなかった。なかったからこそ、たった二隻の黒船にびっくり仰天して開国したんですね。開国したことは結果的には大変良い選択であって、それを知らなかった隣りの中国にくらべれば、情報が中枢までうまく入っていた方だと思うんです。阿部正弘は慨嘆《がいたん》してますけれども、少なくとも阿部正弘は知ってたわけですからね。ただ北条時宗のときにどれだけわかってやっていたのか。

司馬　中国からの坊さんのルートで多少はわかっていたでしょう。坊さんには往来例が多くてわりあい国際通ですからね。しかし実際に軍艦を並べてモンゴル人と高麗人が攻めてくるとは、想像しにくかったでしょうね。

山崎　たとえば武器一つにしても、爆弾を見てびっくり仰天するでしょう。情報が入っていればそのくらいは知ってる筈でしょう。その点では、日米戦争のころの日本政府に近いですね。

司馬　まったく火薬情報までは来ていなかった。昭和前期の軍部同然ですね。まあ神風が吹いてむこうがひっくりかえってくれたから、時宗は鮮やかな人物としてあるんですが。

外圧への奇妙な反応

山崎　そうなると井伊直弼ですね。

司馬　直弼は偉いかどうかだなあ。ただ直弼を考える上で、前口上が一つ要ると思うんです。日本の政治というのは、さっきの、泰時が何でもない人を持ってきて、連署の形で、複数でおさめようとしたという話がありましたが、これは泰時に代表される日本人の政治的知恵というか、ずるさですね。日本人というのは、一人に権力や責任が集中するのを非常に恐れますから。

山崎　そうです。

司馬　だから、江戸幕府の制度もずっと複数制です。あらゆる役職がそうで、江戸市中を取り締まるお奉行さんまで二人いる。大坂も二人です。殿様のお膳を出し入れする係も複数です。そういう具合に、一人の人間に権限が全部帰してしまうことを非常に恐れた。それなのにときどき大老の制度があった。これは酒井と井伊に家柄が限られておりました。これは平和な時には何でもなかったんですが、幕末のごった返している時に、井伊直弼が独裁権を握ろうとした。これは明らかに独裁権を握ろうとしているのであって、彼は非常に苦労してその座へにじり寄っていくわけです。そしてその座を握ったら最後、徹底的な独裁権をにぎり、それを刃物として振りまわすわけです。日本史上ないくらいの権力です。宰相が強大な権力者であるとすれば、井伊直弼が一番宰相らしい。かれは自分で情報をあつめ自分で判断して、自分で行動しているんですからね。そして幕府の旧組織をなるべく使わず、つまり、若年寄、外国奉行というのもいたんですが、その連中のいうことも聞かない。こういうタイプの人間を日本歴史は一番嫌うんじゃないですか。つまりここらへんに機微があるんですね。

井伊直弼の是非論より、日本の場合その在り方の方が大事だという気がする。

山崎　外圧が非常に厳しいときに、とかく内部に強大な権力ができ上るというのは、諸外国にもある話ですね。

司馬　むしろ、でき上るのが当然で、そういう権力でなければ外敵はふせげない。

山崎　その場合、井伊直弼のその権力欲というのは、個人的な欲なのか、それとも外圧というものを感じて、そこから出た反動なのか。

司馬　井伊直弼は、青年の頃から外圧に対する気持はあったと思いますね。ただ外圧というものを思いますときに、すぐ反応するのは彼の国粋主義なんですな。彼の中で起ってくるのは、西洋の武器を揃えようという反応じゃない。国粋主義でもって、つまりもっと国学を興し、もっとみんなが和歌を詠《よ》めという、変な具合になってしまうんですよ。井伊直弼の思想は要するに、一種の平田篤胤《あつたね》の系列の思想じゃないか。これは見てやらなきゃいけないんで、国学者としての井伊直弼というのは、はっきりいます。国学というのは、非妥協的な思想で、西洋というのは一切ダメでしょう。中国のものもダメです。こういうタイプが井伊直弼ですね。彼が大老になったとたんに最初にやったのは、西洋のことを勉強する部局・施設をつぶし、講武所の中でも、すでにできていた洋式兵術部門は廃止して弓や鉄砲、槍術とかいった古来の剣術だけを残してゆく。それから、いわゆる幕府の外国方《がいこくかた》の官僚たちを非常に嫌って、彼らを締め上げてゆく。その発想や情念の源泉は偏狭な国学的気分です。それで外国方に嫌われるんですね。これは非常に皮肉な話だと思います。安政仮条約を結び、日本開国の恩人と言われた井伊直弼が、外国方に嫌われる。外圧が来た場合に、こういう精神が出てくるというのは、日本ではいつの時代にも、よくあるケースなんですけれど。

山崎　それは本心なんでしょうか。というのは、これは一つの仮説みたいなものなんですけれども、外に軟かい態度をとるときに、中を硬くするというのはよくありますからね。たとえば北朝鮮とつき合うときに、いまの韓国もやっておりますけれども、逆に内部の引き締めを厳しくする。それともそうじゃなくて、本心国粋主義なんでしょうか。

司馬　本心から国粋主義ですね。つまり、そういう遮光《しやこう》レンズでしかものが見られなくなっている人間のように思います。透明な目を持っていない感じで。はじめから思想的な人だったと思います。

錯綜した時代の政治

山崎　そうすると、開国したというのは、どういうところからくる見識なんでしょう。

司馬　彼が大老になって、その政権のよりどころは何を基盤にしているかというと、何もないんです。つまり井伊家の家柄だけを基盤にしているんですが、これも不安な人間なんです。（笑）つまり、当時、水戸斉昭の系列の、野党的存在として、彼の時代には島津斉彬もいるし、山内容堂もいた。また一橋慶喜《よしのぶ》も、それにつながる志士たちもいた。これらは当時の幕府にとっての野党勢力でしょう。井伊直弼はそれを非常に憎んだ形で権力の座へ登場してきますね。ですから外政問題を処理するにも、野党勢力を利用しない。野党勢力は京都をかついでおりますから、勅許を得ようという形をとります。しかし、井伊直弼が思っていたのは、幕府の権力を家康の時代をモデルにもっと大きくするということです。そして、野党的なものを一切なくしてしまおうとした。野党的なものの中にも、西洋の銃陣や、産業をとり入れなければという思想は充分あるんですけれども、それにも目をつぶるんです。そして、自分の中にある国学的なドグマを持ってくる。彼の信念がどこにどうあるのかわかりませんけれども、要するに京都をかつごうとする勢力に大きなパンチを与えて内なる幕藩体制を守ろうとしたということではなかったでしょうか。無勅許で条約をＯＫすることによって、まず京都にパンチを与えたつもりでいた。彼の生涯の愉快はこれだったと思います。つまり、彼の理解では、京都の天皇は山城天皇であるという新井白石の説をとっていた。そう思わないと、井伊家の当主にはなれないですからね。井伊家の当主は、天皇家の監視のために彦根にありつづけてきたわけで、その使命感は直弼も小さい時から知っていたはずです。ですから井伊直弼にとって天皇というのはそっとしておくものである。それを今、野党はかついでいるけれども、あれは乱臣賊子の思想であるという考えだったでしょう。だからこそ、京都の天皇を無視することによって条約を結んだわけですね。しかし問題は井伊直弼が天皇ぎらいだったわけじゃない。むしろ国学者として天皇は好きです。好きと幕藩体制の擁護とはちがうということでしょう。じつにややこしい。

山崎　幕末のイデオロギーなるものは、非常にわかりにくいですね。たとえば尊王と攘夷というもの、その逆に開国と佐幕というもの、この四つの関数は、任意にどうにでも結びつくものですね。だから両方とも、論理矛盾をおかしているわけですね。開国を最終的にやって、新政府をつくる連中が尊王攘夷というし、腹の底からナショナリストでいるやつが天皇を排撃して、権力をとって、開国してしまう。そういう時代だからこそ、今おっしゃったように、政治技術家というか、権力亡者《もうじゃ》というと言い過ぎだけれども、そういう視野の狭い人が出来る余地があったんでしょうね。

司馬　そうです。そうでなければ、井伊大老のような政治家は、あの錯綜した時代に成立してなかったでしょうね。

山崎　そうすると、これは日本史上まれなる、例外的宰相ですね。つまり、まず権力の集中をやり、常識とは逆のイデオロギーで動く。

司馬　安政仮条約というのは、当時の志士たちの感覚では、城下の盟《ちかい》ということで、降伏した形ですね。日本を降伏せしめたのは井伊直弼だというのが、野党的な論理なわけです。

老中と参謀たち

山崎　今のお話伺っていて思ったんですが、日本の政治組織というか、官僚組織は、かなりうまく出来ていて、軟かいんですね。だから阿部正弘のような人が出てくれば、それなりに光り得るし、逆に井伊直弼のような人が出てくれば、一代でそういう乱暴なことも出来る。宰相の個性というものが、よかれあしかれ非常に出てくるんじゃないでしょうか。たとえばそれに比較して思うのは、清朝の官僚組織は非常に硬いでしょう。李鴻章《りこうしょう》のような立派な政治家が出てきてもどうしようもない。彼がいることによって、清朝が大きく変ったかというと、何にも変らない。ロシアのウィッテの場合もそうだったと思います。官僚組織より皇帝という体制が硬かったんでしょうけどね。

それにくらべると、日本の政治体制、特に江戸に象徴される官僚体制は、あんなに整然としているように見えながら、非常に軟かいですね。

司馬　軟かいです、たしかに。つまり井伊直弼が出てくれば、一時は適当な粘土細工ができたようです。

山崎　しかも人材の上でも、自分の一族郎党を引きつれて、勝手に組織の中にはめこむこともできる。阿部正弘にしても、人材の登用をどんどんやったんですね。この人のつくった人材が、明治維新を裏から半分助けているわけですしね。こういう軟かさというのは、いまでもある程度温存されているんじゃないでしょうか。

司馬　日本の政治体質ですね。たしかに自民党の一時期が、親中派と親米派と分かれていたようにね。そしてそれぞれ機能している。（笑）それで時期がきたら、田中角栄という名前において転ずる。

そういう具合になっているんですから、井伊直弼の場合も、そうした日本的な構造をうまく機能化させれば、長生きしたと思うんです。それが自分の権力にちょっと陶酔したところがあるんですね。こういうのを非常に嫌うようですね、日本人というのは。独裁権を握られると、息が詰まるような気がするのだと思います。ここらへんが弥生《やよい》式以来の農業社会ですね。農村の感覚で政治を見るから、種を蒔《ま》く時期は春じゃなくて夏だとか言い出す人間がいるとみんな困るようなもので。

山崎　老中というものは平均何年ぐらい在職したものですか。
司馬　平均二〜三年でしょう。
山崎　そんなものですか。
司馬　ええ、結局老中というのは、何にもしてないんじゃないですか。ただ来てすわっている。お殿様ですから、できるはずがないんです。それで自分が老中になったときは、賢そうな手持の家来に動いてもらう。幕末の例でいえば、松平春嶽における橋本左内のようなね。そしてそれが、別の老中の参謀たちと適当に談合して、老中たちが広間に集まったときは、すでに話はすんでいるわけです。
山崎　いまでもそうですな。事務次官会談をやって、閣議に出るんですからね。（笑）
司馬　つまり幕政を動かしているのは幕臣じゃないんですね。五万石程度の老中のしかもその家の家来、江戸的身分でいえば陪臣であるわけです。考えてみれば妙ですけれども、老中そのものはたいていぼんくらです。だから、勝海舟がアメリカから帰ってきたときに有名な話がありますね。アメリカのほうはどうだと江戸城で聞かれたときに、アメリカでは賢い連中が偉い位置についている。しかし日本はアホが偉い位置についていると言って、ずいぶん叱られた。（笑）もっとも海舟のそういう失言だって、老中はお殿様だから深刻な叱り方をしないんです。あれは小旗本でざっかけないやつだから仕方がないというので、あとは火鉢に手をかざしている。そういういいかげんな空気の中で、日本の政治というのは出来てるらしいですね。

まあ、その人がいれば部屋中がシーンとするというのは、大久保利通に至ってはじめて成立するんでしょう。つまり内務省に入ったら、大久保が今日は出勤してるということがすぐにわかったらしい。

大久保の孤独

山崎　そこで大久保に入ったんですけれども、これは実に大宰相で、二度と出ないような文字どおりの宰相ですね。
　大久保という人は、そういう意味で、具体的に政権を持っており、政権能力があり、政治がわかっていた。しかし一面では井伊直弼と同じように、権力を集中して、一人でやるでしょう。そのことが結局暗殺されるもとになるんですね。日本人というのは、おっしゃるように、よかれあしかれ、単独の権力というものには耐えがたいようですね。
司馬　耐えがたいんです。これはおもしろい性格ですね。ものごとをやれるのはこれしかないんですけれどもね。これは歴史上の問題だから言えるんで、決して礼賛《らいさん》するんじゃないんですけど、いまもしそういう人物が出てきたら、あいつはヒトラーだと言って、場合によったら暗殺しに行くかもわからない。そういう構造になっているということを見ておくのが、やはり大事ですね。

山崎　先ほど老中の話で、在職年限を伺ったのは、「人心をして倦《う》ましめざることを期する」という言葉がありますね。あれは中国の言葉でしょうか。

司馬　よく知りません。

山崎　あるいは中国にあるかもしれませんが、それを文字どおりに信じて、文字どおり有効に使うのが日本の政治ですね。たとえ失政がなくとも、ある程度いくとやめなければならない。あれは非常に不思議ですね。

司馬　そうです。おっしゃるように、井伊直弼の場合も、彼に反対しようと思えば、殺す以外なかったんです。

たとえば田沼意次は、これは商品経済が非常な勢いで江戸社会を食い荒し始めたときに出てきて、特権商人と結託して、わりあいおもしろい経済政治をやるわけです。これについての評価はいいとか悪いとかいろいろありますが、勝海舟なんかは、どこで知ったんですか、田沼をちらりと褒めてるところがあるんです。当時は売官制ですから、その筋に賄賂を持っていく。そして職につけてくれというわけです。そのとき田沼はうまくいかないと、その金を返しちゃったそうです。海舟はそこがいいっていうんですね。（笑）

井伊という人もずいぶん賄賂使ったらしいです。しかし彼が大老についたときには、彼のやり方をセーブするためには、もはや賄賂を使うという方法などでは不可能ですね。彼はすでに賄賂では動かなくなっている。だから、そういう方法のないやつっていうのは一番困るんじゃないですか。

山崎　そうすると殺しでもしなければということになる。（笑）

司馬　そうです。大久保が出るより前のことですが、明治初年の太政官政権の宰相は、三条実美《さねとみ》ですね。こういう人物が、あれだけの革命をやった革命政府の宰相なんです。こういうところがいやらしいほどに日本的ですな。狩猟で養われてきた歴史をもつ民族なら考えられぬことです。狩猟は五十人とか百人とかでやる。優秀なリーダーを選ばなければ獲物はとれない。まあ三条さんですけれど、この人は真面目一方で、しかも清らかな人ですが、優柔不断で、どうってことのない人でしょう。しかしこの人が維新で動いた人間の中では一番位階勲等が高かった。だからこの人を宰相にすればみながおさまるということで、かついだわけです。そこで岩倉のような、階級の低い、公家としてちょっとクセのある人間を副宰相にした。

そしてそのあとに、実際上の宰相として西郷隆盛がいるわけです。これはいくら考えても事実上の宰相でしょう。ところが西郷自身は、事実上の宰相であるという地位を遠慮をして一度も使ったことがない。そう認識したこともなさそうでしょう。明治維新そのものの象徴が西郷だということは同時代にはっきりしていたのです。そして参議になったところが、征韓論を通したいときには、一所懸命三条に頼みこんでいて、決して独裁者にならない。そのいじらしさは気の毒なほどですね。そういう姿勢が日本人は好きなんですよ。

山崎　ある意味で言うと、能力については自信があるんだけれども、そういう自分の限界を自分の手で引いておくことで、よけい力がでるというのが、日本の政治の行動様式のような気もしますね。

司馬　ああそういうこともいえますね。西郷はそのことをよく知っていたことは確かです。

山崎　大久保ですら、常に上にだれか置いてますね。島津久光などを上にもってくる。それは政治的懐柔ということもあったでしょうけれども、自分のもとの藩の殿様であるということが、彼の心理的安定に役立っていたんじゃないかという気もするんです。つまり、もう一人上に偉い人がいて、自分はナンバー2にいるという安心感ですね。

司馬　農村でもそうですね。庄屋の旦那は鼻毛なんかを抜いて俳句を詠んでいる。その下の手代が切れて、村中をちゃんとおさめている。切れ者の手代は決して庄屋にならないし、なってもつとまらない。ただ大久保が孤独になったとき、つまり自分が権力の頂点に立ったとき、吹きっさらしの颪の中で寒くてしようがないという感じが、ひそかにしたんじゃないでしょうか。大久保のようなすごい人間でさえもね……。

山崎　それはあったと思いますよ。

司馬　天皇は当時から象徴でしたから、直接かつぐことはできませんね。天皇は政治責任は負わないんです。ですから、やはり政治責任をとってもらう人が欲しかったでしょう。もちろん滅びるときはその人と一緒に滅びるんですけれども、世間の表にこの人を出しておこうという人が、ほしかったでしょうね。

「国家」に憑かれた人間

山崎　大久保というのは、非常な信念と、同時に、具体的な見識があって行動した人ですけれども、結果的には、昔の友だちをどんどん追い落し、滅ぼしていくわけでしょう。そのときに、彼の気持を具体的に支えていたものは何だったんだろうと思うんですよ。理想のために邁進《まいしん》しているというのは、論理としてはわかりますがね。しかし、そういったことはどれもこれも、体温の感じられるものとしては見えないわけでしょう。人間というのは見えないものをそんなに信じていけるものでしょうか。

司馬　ここでさっきから言っていることと少し矛盾したことを言わなきゃならないんですが、大久保にはその感覚がなかったかもしれませんね。藩政時代からあの人には子分もないし、友人もない。実際抱きあう仲の友人は、岩倉というかつては不遇なそして素姓のひくい公家ぐらいでしょう。というのは、幕末のギリギリの段階では、革命が京都における宮廷の陰謀にまでしぼられた時期があるでしょう。孝明天皇から明治天皇に移った時期ですね。薩長がクーデターを起したときは、明治天皇がその上にのるということになっていて、孝明天皇が死ぬ。そういう孝明天皇の死の前後の大久保と岩倉のあいだに交された密談というのは、彼らにとって生々世々《しょうじょうせぜ》口外できないような内容だったにちがいありません。陰謀、悪謀ともいう悪魔の血を二人きりですすりあったと思います。だから、この二人ばかりはお互いに裏切ることはできないじゃないですか。ですから、友情もそういう形でしか出てこない。もし政治がときに一種の悪魔の仕事だという一面があるとしたら、そういうものを底の底まで知ったのは、大久保と岩倉じゃないかと思ったりします。

大久保は、そういうことをよく知った上で、足もとに一切勢力をもたずして、内務大臣から事実上の首相になっていく。実によく耐え得たものだと思いますが、ひるがえって考えるとはじめから耐え得る体質の、その意味では日本人ばなれした人間じゃなかったかと思ったりもするんです。なぜかというと、そうでないならば、もうちょっと違う前半生があるんじゃないかと思うんです。西郷なんか非常にいい友人ですけど、大久保はそれらの友人たちの間でにぎやかに暮らしておったという片鱗《へんりん》もない。

山崎　西郷と正反対の人なんですね。

司馬　だから、久光の袖に隠れて存分にやることができたわけです。大久保の有名な話の一つに、久光に取り入るために碁《ご》を学んだと言われておりますね。その大久保の碁の師匠みたいな人が話を残してるんですが、彼の碁は実に品のいい碁だったそうです。もちろん、そんなところから大きな問題を引き出すことはできないけれども、大久保がどこにも魂の逃げ場所をもっていない、ほんとうの権謀家、国家のみがおもしろいという人間であったればこそ、碁を打てば、品がよくなるだろうという気がしたりします。まったくのところ、彼は国家をつくり上げることだけに興味をもっていたようですね。そのために人材が必要となれば、選り好みしていてはだめだとする。だから彼は薩摩の人間にはわりあい冷たかったわけです。芋づるで薩摩の人間がやってきても、大久保のところに行かない。また行っても玄関払いということで、嫌われていくわけです。しかし、あれだけの政治家ですから、嫌われることをやらないほうがいいとは、もちろん知っていたでしょう。ところが小さなことでも嫌われることをよくやっておりますね。だから相当強い人間ですな。

山崎　ちょっと日本人離れしておりますね。

司馬　彼は、自分の父も、薩摩藩内でのお家騒動にまきこまれて悲惨な目に遭っているし、その政治の断末魔の中で成人しておりますから、政治のこわさは充分知っているわけです。知った上で彼が政治という刃物の上の刃渡りをやったところが、偉いのか凄いのか、われわれのやわな感覚ではどうにもならない男だという気がします。知り抜いた上で郷党の機嫌をとらないというのはどういうことなんでしょう。われわれ日本人の感覚からいったら、つき合い方のむずかしい人ですね。

それに、大久保という人は、よく岩倉なんかも言ってますが、たしかに学問はなかった。しかし人間としてだれよりもすぐれているのは、動かないことだといっていますな。いったんものごとが決まると動かない、これが大久保の特徴だと言っています。そのかわり、木戸は教養人のグループに入れていいほどの人です。木戸というのは、日本の体制というものをずいぶん深刻に考えて、いまのような君主制でいいかというので、共和色の強い政体を考えたりしております。しかし大久保はおなじ革命家でありながら、そして国家体制を考えるべき立場にいながらはっきりそう思ったことはなさそうですね。ヨーロッパを旅行している間中、国家のモデルとしてプロシャが一番いいと思っていたんですから。ところが、プロシャの中央制度は容易に日本では育ちにくい。プロシャにも多少の議会制度があるけれども、これさえ日本では明治三十年代ぐらいに興すべきだろうと。そのぐらいの保守性と遠い射程でものを考えていて、明治初年国家をつくりつつあったわけです。

そういうことから見ると、学問がなかったというのは、シナ学に通じてなかったということだけですね。だから、大久保にとっては別にマイナスにはならなかった。

山崎　ちょっとケタはずれですね。

負の宰相としての海舟

司馬　うまく論じにくいんです。いままでの信西とか、信長とかは、大久保から見れば実に論じやすい。信長は織田軍団というちゃんと目で見える武力をもっていますから、まアわかります。しかし大久保は武力をもっていない。子分も持っていない。それでいながら、明治国家をつくるためにどんどんゆく。自分の身についての危険さは彼の生いたちから見ても当然わかるはずで、それを平気で乗り越えていく。この情熱は何といったらいいか、何か欠落しているのか憑《つ》かれているのか、よくわからない。ただ人間には、宗教的憑依《ひょうい》とはちがって、なにかに憑かれてしまった状態というのはあることはありますけど。こうなるとコワサがわからない。

山崎　そのくせ、やってることとの内容は、柔軟かつ実際的でしょう。だからなおさらわからなくなってくるわけです。アイデオロジストとして硬直したところの少ない人ですね。しかも、いま動かないということをおっしゃったんですけれども、動かないということは、あらゆるリーダーの根本的な才能みたいなものですからね。つまり頭のいい人間がなぜ指導者になれないかというと、自分に自分が負けてしまうからなんですね。情勢変化が待てない。

司馬　徳川慶喜のようにね。

山崎　それを何とか先取りして安心したい、これは自分の恐怖心から逃げたいということにすぎないので、次々と知恵を出す。個人が行動してるだけならそれでいいんですが、自分が決断すると、その下にある組織に浸透して、変化するまでに時間がかかる。それが待ちきれなくて、自分の決断を変えてまた下におろす。それでますます混乱してダメになってしまう。動かないというのは指導者の最低限の才能だけれども、なかなかその才能というのはないものですね。

司馬　さっき泰時のときにおっしゃった常識の問題ですが、あれは大久保の政治姿勢の基盤ですね。常識はずれのことは絶対しちゃいけないんだという考えがある。だから彼が最も尊敬する政治家はたった一人しかいない。変なことに、家康なんですよ、徳川家を倒した革命家が、滑稽じゃないですか。そして「一利を起すは一害を除くにしかず」というじつに無理のない姿勢で進んでいく。ですからそう理解すると彼の政治姿勢は非常に明快で、奇型な政治行動に出るわけでもなく、へんな国家をつくろうというのでもない。

山崎　裏返すと、ちょうど勝海舟かもしれませんね。勝という人は、一ぺん大仕事をやって、そのあとずっと後始末でしょう。積極的なことは何もしない。しかし彼が何もしてくれなかったことが、明治維新政府が生き残った理由みたいなものですからね。その点、勝も孤独だったと思いますね。

司馬　ああそうか、海舟を忘れていましたね、海舟の孤独は大久保以上でしょうね。ただ、明治太政官政府から見た海舟の存在は、おっしゃるように、どうにか徳川勢力が巻き返しをやらないように、それを防ぐ防波堤としての存在ですね。初期の明治政権が一番恐れたのは旧徳川勢力の巻き返しでしたから。

山崎　あのとき、不平士族のどれと結びついてもたいへんなことですね。

司馬　その不平士族の乱が、すべて田舎で起って、江戸では起らなかったのは、やはり慶喜もさることながら、勝の力も大きいと思います。

山崎　あれは負《ふ》の宰相ですね。

司馬　大久保と勝というのは、船乗りの感覚なのかなあ。水が漏れてきたら、そこをとりあえずふさぐ。スピードを出して目的地に進むよりも、漏れた場所をふさぐという感覚が非常に強かったんでしょうね。

山崎　そのあとになると、どうも見劣りがしますね。

松陰の門下生たち

司馬　伊藤博文は大久保が死んでから内務卿になりましたが、それからは内務大臣室の雰囲気がガラリと変ったそうです。ワイ談のクラブみたいになって、客は足を投げ出してものを言ったりする。内務省の連中は大久保と伊藤とはこうもちがうのかとびっくりしたそうですけどね。

ただこの伊藤という人は、まだ充分な評価ができないんですが、やはり明治以後の大宰相の一人だったと思います。伊藤の生まれは、足軽でさえない素姓の人ですが、彼の政治家としての最初の表現の場は征韓論の叩きつぶしだったと思います。あれをやったのは大久保でも何でもなく、工作は伊藤がやったようですね。年は三十そこそこだったと思います。伊藤自身が自分の判断で動いて、自分で構想を立てて、三条や岩倉に知恵を授けて、中立的な参議をひきこんで反西郷の結束をさせた。私は西郷が好きですが、征韓論はどう考えても結構じゃありません。

伊藤のことですが、彼は西郷に立ち向かう唯一の手駒として大久保を引き出し、西郷との相撲をとらせる。その土俵を用意するために伊藤は事前に奔走するわけですが、その奔走家としての経歴は、十七、八のときからでしょう。学問の履歴はほとんどないけれども、奔走家としての経歴がある。彼が長州時代にまともな存在になっていくのは、桂小五郎の引き立てとか、その前に吉田松陰の門に入ったからなんですね。ところが伊藤という人は、晩年に大磯から東京に通っているときに、「閣下は松陰先生のお弟子だそうですね」とだれかが聞いたら、いや、ぼくは弟子じゃない、といっているんです。つまり松陰先生がいるから松下村塾に行ったんじゃなくて、寺子屋として行っているわけです。久保塾といったところに行っていて、手習いをしていたんですね。山県有朋も、松下村塾に入った形跡はないんですよ。ところが山県の場合は長州藩時代も、それをもって拠《よ》りどころにし、公爵になってからも、松陰の言葉を揮毫《きごう》するときには、「門人有朋」と書いている。そういう権威をかつぐ姿勢をとっている。伊藤はちがっている。

山県も、伊藤も、長州の低い身分の人間ですが、いわゆるイデオロギー時代に、そのイデオロギーを唱えたり、イデオロギストとして活躍したことはないんですよ。ところが山県は、その後は一生イデオロギーを唱えるんですね。ただ、明治天皇は、山県のようなタイプの人間は嫌いだったようですね。西郷とか、山岡鉄舟とか、乃木とかいう、古武士としての輪郭のはっきりした、心事の爽やかな人間を好んで、肚の中のよくわからない山県のような人間は好まなかったらしい。

山崎　山県という人は、いわゆる学校教育的な教養のなかったわりには、イデオロギーの問題が政治にとって重大だということをかなり早く自覚した人ですね。社会主義の問題も、山県は非常に先取りして、それを研究させております。これには森鷗外も参画《さんかく》しておりますけれどもね。

理念としての国家

司馬　山県というのは、明治国家を成立せしめているイデオロギーが、明治末年に電池が切れるのはかなわない、おれの立つ瀬がないという、必死のところがあったと思うんですよ。伊藤にはそういうことはまったくなかったらしいです。明治末年の史談会の人が耳にしたことですが、明治初年の外遊中には共和制を考えたことさえあるらしい。

山崎　山県という人はむしろ、きわめて純論理的に、国家が成り立つためには、一つの国是《こくぜ》があり、それは論理的な言葉になっていなければならないという信念があったのではないでしょうか。例の「南北朝正閏論」についてもひとりで心配したのは山県でしたからね。自分の体質とはあまり関係のないものを一所懸命晩年心配した人のような気がするんです。彼の本来の体質からいえば、陸軍をつくるなど、実務官僚的な仕事の方が体質に合っていたんじゃないでしょうか。

司馬　伊藤博文も、志士たらんとして志士になったんじゃないですね。彼は子供のときに、萩の町でボーイみたいな仕事をしていて、遅く帰ってくる。しかし、それから必ず手習いだけはしておるんです。そして最後にへんな絵を描く。これは太閤秀吉なり。つまり太閤秀吉になろうとした。(笑)

一方山県は、足軽の身分に生まれたために、上士しか行けない藩校の明倫館には行けなかった。それで仕方なく自分で槍を稽古して槍術の先生になるんだということで、一所懸命やったわけでしょう。

つまり二人とも立身出世の人ですね。高杉晋作、木戸孝允とは違うわけです。それで伊藤は非常に現実的な政治家になり、山県はたいへんイデオロギストになっていく。まあ山県の場合は、おっしゃるように、国家を成立せしめているのはある理念で、それがなくなったら国家でなくなるんだという原理性の高い思想は、あったかもしれませんね。

山崎　どこかでそれを習ったんですね。そこが不思議なところだと思います。その結論は、はなはだいただけないんだけども、その意識という点では、山県を評価してもいいという気がします。森鷗外が山県に近づいたのも、陸軍という関係の他に、そういうところがあったからじゃないかという気がします。それはあまり評価されていない関係ですけどね。しかし、二人の間には通じるものがある。これは私のまったくの推測ですが、そういうことを鷗外が山県に教えたのかもしれませんね。国家というものは、いろいろな制度とか、経済的な力とか、あるいは権謀術数のほかに、筋が一本いるものであるということですね。鷗外は一所懸命それを若いときから考えた人ですしね。彼は理性的な人ですから、単純なイデオロギーでは困るというので、「かのように」の哲学なんかを考えておりますが。

イメージ的宰相のハシリ

司馬　明治国家は、大久保の継承者である山県の作品ですね。そこへ伊藤が憲法をつくるでしょう。しかし山県はこれには反対で、憲法なんかいらんとかいう。しかし、伊藤がつくるのはしようがない。が、おれはその体制を骨抜きして、官僚国家をつくり、軍をつくって育てていくなどと考えたし、それを実行した。山県はこの二つだけは死ぬまで握って離さなかった。山県が結局明治体制をつくるわけですけれども、その二つの根幹を握って離さなかった。これは陰鬱な明治です。伊藤がつくったのは明るい明治だともいえる。憲法をつくったり、政党の総裁になったりする。また、伊藤には、天皇を重い存在に置くという思想はなかったようです。しかし山県は、明治二十年代の後半で、天皇家を重苦しく装飾化します。そして結局山県が国民の人気も失い、生命も衰えているときに、原敬が出てくるわけです。

大正に入って原敬の出現というのは、暗い山県のトンネルの中から出てくるんですね。そして平民宰相というフレーズが生まれました。これは当時としては非常に受けた言葉だったらしいですね。それで世の中が明るく変ったような印象を与えた。しかし原敬その人は政治家としては問題が多いですね。しかし世間の受け取り方は、陰鬱な明治は死に、明るい大正デモクラシーが来たという感じだったんじゃないでしょうか。

山崎　そういう意味で、いまの政権交替でも、国民的人気のある宰相がときどき出ますね。鳩山さんとか、田中さんとか。しかしそれは実態とは必ずしも関係ない。

司馬　そうそう。

山崎　原敬はそういうイメージ的宰相のハシリかもしれませんね。実際に、民主主義的な政治儀式、たとえば選挙を派手にやったりしたのは大隈ですが。

司馬　ただ原敬は、総理大臣になるべく古くから仕度していましたね。非常に綿密な手を打って、いまの政党政治家がやっていることを全部やった。たとえば大阪の新聞社の社長の椅子を長い間手放さなかったでしょう。またその前に、資金源として古河財閥をつかまえますね。政治家は金で動くもので、代議士は血ぶくれした獣と同じですから、これに生肉を与えなきゃいけないということも全部知っているわけです。

おまけに原敬にとって世の中でいちばん、という生理的にまで嫌いなのが山県だったそうです。しかし、山県の晩年、政権が原敬のもとにそろそろ近づいてきたころ、彼は山県をたずねていってますね。そして山県の歓心を買うような話をしている。ところが帰ってから、「あの足軽め」といったそうですね。何といっても原敬は賊軍となった南部藩のご家老の家の出ですから、山県の足軽ぶりというのはやりきれなかったろうと思うんです。

ただ原敬という人が平民宰相と言われたのは、いまとなればどう評価していいのでしょうか。たとえば大衆社会のハシリという視点からもとらえられますが、同時に猥《わい》雑《ざつ》な政党政治の最初の人ともいえるし、昭和前期になって政党が財閥の走狗《そうく》にしかすぎなくなるという体質を最初にひらいた人でもあるようですね。

散文的国家への変貌

山崎　実は、非常に逆説的な言い方ですが、日本が明治の中央集権国家から民衆化していくプロセスが、どうも諸悪を生みだす根源になってしまったのではないかという気がするんです。

たとえば、原敬という人は、人気を取らなきゃならない。民衆の立場であるということから、景気刺激策をやるでしょう。これは日本にとって、あまりよくない刺激だったようですね。また新聞を見ても、第一次大戦に日本が参戦するときに、日本の新聞は非常に悪い役割をしております。新聞は好戦主義で、いつも戦争しろと言う。日露のときはやむを得なかった。しかし第一次大戦で戦争しろというのは、何の必然性もない。そういうことの背景には、国民世論があるんですね。それを新聞がたきつけているわけでしょう。国民世論がだんだん拡大されていくときに、その拡大のされ方がどっかでおかしかったんじゃないかという気がするんです。

それはある意味で言えば、日本が民主化されていくというか、民衆国家になっていく過程の痙攣《けいれん》であり、消化不良であるかもしれない。しかしそれが全部昭和の戦中にまで繋がっているようにも見えるんですけどね。どうも国権から民権に移る過程で、いろんな困ることがみんな起ってしまったような気がするんです。ですから、原敬が出てきて軍閥内閣が出来るというのは、実に皮肉な、象徴的なことだと思うんです。それ以前の強い権力のある時代は、へんな力というものは出てこないわけです。それが少しずつ力が分散されていく過程で、うまく分散しきれなかった。軍部に象徴されるようなへんなものが出てくる。

それから、商売人でも明治初期の商売人というのは侍ですね。

司馬　渋沢栄一なんかそうです。

山崎　国士でしょう。それが大正に入ってくると、商売人もただの商売人になり下ってしまう、それもある意味で民衆化でしょうね。民衆化というのは、国というものからいい意味の神聖さを失わせるでしょう。どこの国にも必ずそういう時期があるんですね。美しい詩的な国家から、散文的な国家に変らなければならない時期が。しかし日本の場合、その変りぎわが、どうもぶざまでしたね。

司馬　それはおもしろいなあ。たしかに原敬の金の撒《ま》き方というのは、いまの元祖ですからね。原敬以後だな、日本が下司《げす》国家になったのは。民衆国家というような上品な呼称では追っつかないな。だいたい、一人のヒトラーも出さずに太平洋戦争を起すなどというのは、よほど深刻に考えなければならない体質ですね。だれが太平洋戦争を起したかというのがわからない国家ってあるでしょうか。むろん新聞が起し、新聞読者が起した。日露戦争が終ったとたんからすでにその気分がありますね。またそれより以前に、自由民権運動が憲法発布でダメになっちゃったときから、自由民権論者がへんてこりんな格好で政権の中に入っていくでしょう。彼らのほうが政権を担当している責任者より、もっと過激ですね。たとえばアジア侵略についても、もっと過激な無責任なことを言います。あれは一種の野党気分、あるいは民間有志の気概みたいなものとして、わりあいリッパなものとされた形でいきますでしょう、それを一まとめにしているのが新聞ですね。新聞というのは日本では非常に大きな政治的役割を果してきているんですけれども、しかし、マイナスのほうがはるかに大きかったかもしれませんね。

山崎　権力のほうもずいぶん堕落しましたが、民衆指導者のほうも、きれいなキリッとした人は、大正時代のほうが少ない感じがします。たとえば明治の馬場辰猪《たつい》なんか、どこかキリッとして、きれいですね。そういうものが入ってきて、日本の民衆の中に定着して、そこから民衆化が自然に進行すればそれに越したことはないけれども、いかんせん時間がなかったですね。非常に短い時期に、詩的な国家が散文的な国家になると、ああならざるを得ないかもしれませんね。そして一種の外圧のもとでそれが起ると非常にヒステリカルな反応をするようになる。具体的な事件のきっかけとしては、第一次大戦の宣戦布告ですね。いわば火事場泥棒。そして国際連盟をつくるときには、こけ脅しの全権団を作って、講和会議に乗り込む。あれは西園寺《さいおんじ》でしょう。よくないですね。（笑）

司馬　あれで昭和の悲劇はでき上りますね。

山崎　もし第一次大戦にかんでなかったらどうでしょう。

司馬　たしかに第一次大戦は火事場泥棒で、イギリスは日本の参戦をちょっと頼んではいるんですけれども、あとですぐ後悔していますね。もう戦いの峠を越したのに日本がやってきて、しかも青島《チンタオ》まで乗り込んだ。あの精神が、どうもなにか高雅なるものを失わせてしまった。山県にさえまだあったものを失わせてしまった。

戦中、戦後の宰相たち

山崎　そのあとはどうでしょうか。戦争前の総理大臣は、語るにたる人はいないですね、近衛《このえ》さんにしても東条さんにしても。

司馬　ただ、東条の出現についておもしろい話を聞きましたよ。当時、東京の憲兵隊の将校だった人で、Tさんという、憲兵という概念からまるで外《はず》れた人からきいた話なんですが、その人によれば、東京憲兵隊の仕事の一つは、内閣が倒れたあと、次はだれに大命《たいめい》が降下するかを探ることだったそうですね。憲兵隊も新聞社と同じように取材をするらしい。そのときの話ですが、東条は自分に大命が降下するとは思わなかったらしいですね。あのころは元老のサジかげん一つですから。畑元帥という案もあったりしているんですからね。しかも東条はその前に天皇さんから、米内内閣成立のときの軍部の横暴について叱られているんです。これは、幼年学校の秀才だったといわれるそれだけしかない事務屋の人物にとっては、まことに畏《おそ》れ多いことで、ふるえ上っていた。ところがそこへ、またまた宮中から呼び出しがあった。彼はまた叱られるかと思ったらしいんです。ビクビクして宮中へ行くと、米内さんが一人すわっていたそうですな、「あ、やっぱりそうだ」東条は思った。

山崎　ハハハハハ……。

司馬　ところが、そこに行ったら、通常の拝謁《はいえつ》なら椅子が与えられるんですってね。ところが大命降下のときは椅子なしだそうです。それでこの場合も椅子がない。東条は、それでも気づかなかったらしい。そして天皇が出てきて、大命降下の旨を言ったわけです。彼はぼんやりしてしまった。一方、陸軍省のほうも、東条はどこに行ったと大騒ぎして探していたらしい。憲兵隊も知らなかったそうです。なにしろ東条は叱られに行くんですから、だれにも言ってなかったわけです。(笑)

つまり、この程度のことで総理大臣が成立するんです。これでは宰相としては論じられないですよ。

山崎　戦後の総理大臣は、することも、立場も、はっきりしていますが、明治以後戦前までの総理大臣ははっきりしませんね。

で、戦後になると吉田、池田、佐藤でしょう、何かやったのは。

司馬　そうですね。戦前の総理大臣より機能の振幅が大きい。大統領に近いでしょう。

山崎　ただ大統領と違うのは、そういう事情で上るだけに、オフィスというものが確立してないですね。政策立案は官庁がやっている。

吉田さんていうのは、ずいぶん語り尽くされてますけど、考えてみれば外交官出身というのは、広田弘毅以外にいましたかね。

司馬　いないんじゃないですか。内務畑から出るのが伝統だったのに、外務省という、国内に何の基盤もないところから出てきたというのは、書生政治ができるということですね。

山崎　それと、国家というものを外から見ている面がありますね。ああいう状況下ですから、どんな人間も外から国家を見ざるをえない立場にいましたけれども、特に外交官はそれができた。

しかし、いまだに日本の外交官は、国民の間で孤独であるのみならず、官庁の世界でも孤独ですね。通産と外務の関係なんかを見ていると、とかく立場が反対でしょう。アメリカとの貿易収支をどうするか、どれだけ自由化するかということになると、外務は、自由化して対外関係をよくしたいという、危機意識がすごいですね。ところが通産省は断然国内に目が向いている。外務というのは、孤独になる仕事なんですね。

外務を機軸にした政治は、どうも日本では常に孤独になる。だから吉田政治の末期の不人気というのは、日本における外交の宿命みたいな気がします。実際やった仕事は大きいんですがね。

司馬　日本では、地理的に考えて外交というものは実のあるものとして成立しにくいな。フランスとドイツの関係ならば、庶民がわかる関係でしょう。ところが日本の場合は、となりの中国という存在だって多分に抽象的存在ですからね。外交問題はどうしても抽象論議になります。

調整機能としての権力

山崎　吉田さんは、とにかく負けた国を維持して頑張るのが、明確な使命でしてね。ですから、この人の場合、ある意味で、信西型なんです。することが単純明快にスカッとわかっている。そしてそれに向かって突き進んだ。いうならば「テーマ政治」の宰相です。そしてその流れにのって、日本は沖縄返還にまで来ている。彼は、戦争で失ったものをテーブルで取り返すと言ったそうですけれど、そのとおりになっていますね。

その後の池田さんはまた明確で、食えなければ仕方がないということで、所得倍増をやり、これが田中さんの日本列島改造まで繋がってくるわけですね。

吉田さんは「外交」、池田さんは「経済」というように、この二人はまた特殊技術を持った専門家でした。調所笑左衛門型の宰相で、それが何とかやれたのは、やはり戦後という特殊な時代だったからでしょう。この二人にくらべると、佐藤さんは、単純明快な課題を持たないでスタートした人ですね。これはある意味で、本来の日本の宰相のあり方が、よかれあしかれ出るんですね。彼は結果からいえば、小笠原を取り返し、沖縄を取り返し、万博をやり、オリンピックをやった。内政より外交を仕事とした人に見えますね。しかしそれはいわば吉田さんが引いた路線を歩んできたことでしょう。それならば佐藤プロパーが何をやったかというと、私は政治を日常に戻したことだと思うんです。つまりテーマのない政治だったんですね。

あの人は出るとき「寛容と調和」と実に不明確なことを言いました。それからまた佐藤さんは鉄道の出身で、政治レヴェルでは特殊技術を持たない宰相でした。じつはそれが宰相本来の姿なんだが、戦後的感覚の中では、それがわかりにくさに通じる。これはいわば泰時の政治かもしれない。政治が本来の日常に戻って、人間関係のバランスをとったり、人間をその日その日の生活に返すための政治となった。だから非常に長く続いたかわりに、かつての泰時のように評判も悪いわけです。

司馬　つまり調整機能としての権力ですね。泰時と同じですし、おかれた状況も似ています。あるいは後世、海舟のような玄人から高く評価されるかもしれない。

山崎　日本の政治を本来の政治機能に戻していった人ですね。それが最大の功績じゃないですか。あの内閣は高姿勢だったと言われていますけれども、あんなにたくさんの議席を持っていながら、実に乱闘の少ない国会でしたね。

司馬　吉田政権が吉田さんの死後も続いていたとしたら、吉田さんの最後は佐藤さんですね。明治国家の後半が山県内閣であったようにね。そして山県がいなくなると、原敬が明るいイメージで出てきたように、田中角栄さんは得してますね。（笑）しかし、それは長い目で見なくちゃしようがない。

「テーマ」なしの政治

山崎　宰相論を語り尽くした気がしますけれども、さらに重要な問題は政治の民衆化ですね。これは日本に限らず共産圏ですら進行している。そうなったときに当然起ってくるのは、政治権力に対する反感と、不信と黙殺ですね。みんなが政治に熱狂している時代は不健康なので、現状はむしろ健康な社会状況だとは思います。しかし困るのは、為政者の側から見て、どこに心の拠りどころを求めて政治をしたらいいのかということでしょう。私は文士だからそんな妙なことが気になるのかもしれませんがね。たとえばキッシンジャーとニクソンが暮夜ひそかに何を語っているのだろうかという気がするんです。

つまり、アメリカのためとか、日本のためとか言っても、何々のためという顔が浮かんでこないと思うんですよ。何をやったって「ブーブー」言う人間ばかりですからね。つまりこういう時代の宰相はニヒリスティックになったり、シニカルになったりする心配がありますね。キッシンジャーなんか、ニヒリスティックなところがあるんじゃないですか。

司馬　その匂いがありますね。

山崎　佐藤さんが陛下に内奏するとき、これは二人きりですから、何を言ってるかわからないけれども、そのあとで佐藤さんは実に晴れ晴れとした顔になるという話を聞いたことがあります。佐藤さんまでは昔の人で、陛下というものに対して実感があるんでしょうね。もちろん陛下でなくても、先生でもいい。そういう人がいればいいんです。しかし田中さんにそういう人がいるのだろうか。これからの宰相の問題はそこにいくんじゃないでしょうか。権力のある人が、まったくの孤独感におちいるというのは、こわいことですからね。

司馬　まあドゴールにしろ、大久保にしろ、父権的な存在でしょう。それが佐藤さんになるとやや母親みたいな感じになり、田中さんになると兄貴のようなんですね。まあ兄貴のほうが、世間をよく知ってるから走りまわるだろうとか、親父の陰鬱な政治家は世界的にいなくなりましたけれども、そのために起っているいろんな問題はあるでしょうか。

山崎　田中さんが偉大な宰相になれるかなれないかの境目は、「テーマ」なしの政治ができるかどうかですね。いまの「日本列島改造論」は、宰相の商標としてはあまりに技術専門家的なテーマでありすぎるような気がします。決断と実行はいいことですが、信西式にテーマを持って出てきてやるというのは通用しない時代ですからね。あえて反語的にいえばこれから退屈な政治がやれるかどうかということですね。

司馬　田中さんの「日本列島改造論」はいわばオーディションでの演技で、あれはあれで効用をはたしたとすべきで、決して公的でもなんでもない。あれを本気でやるなら日本はつぶれてしまいますし、それほど馬鹿じゃないでしょう。日本の今後の問題はすでに泥沼のようになっている土地私権についての異常暴走で、この上「日本列島改造論」をやれば心臓病患者にカンフルを打って心臓に拍車をかけることになります。

敗者の風景

綱淵謙錠

綱淵《つなぶち》謙錠《けんじょう》

小説家。大正十三年樺太に生まれる。東京大学文学部英文科卒。中央公論社、日本ペンクラブ事務局長を経て作家生活に入る。主著に「斬」(直木賞)、「戊辰落日」「濤」「越後太平記」などがある。平成八年没。

綱淵　テレビドラマになった『国盗り物語』あたりから入りましょうか。司馬さんはこの斎藤道三《どうさん》という人間を、中世と近世をつなぐ鎖の環みたいに考えていらっしゃる。これまでの常識では、斎藤道三は三好長慶《みよしながよし》とか松永弾正らと同じような梟雄《きょうゆう》の一人で、まア、かれらよりは一回りスケールのデッカイ人、という程度のイメージしかなかった。それが『国盗り物語』ではじめて、中世と近世をつなぐ道三の役割を、わかりやすく説明していただいたような感じがします。

司馬　そうでしょうか。もっとも日本という国には、あれがありませんでしたね、つまり革命。西欧にしばしばあった革命とか、中国における易姓《えきせい》革命といったような形態があまりなくて、別の形の新旧交替だったでしょう。それを革命といえば革命だと思います。そういう観点から見ると、斎藤道三というのは、中世の政治・経済・社会体制がボロボロになって、もう人間が住めなくなった〝箱〟を、つくり直した人間と見るべきではないでしょうか。下剋上《げこくじょう》の人というより、これはやっぱり日本の中世末期的条件における革命家とみたほうが素直かもしれませんね。

綱淵　ぼくは斎藤道三には二つの面――中世というものと近世というものがあって、中世の方には明智光秀、近世の方には織田信長という人物がつながるように思うんです。その場合、光秀をつくり上げている中世的な教養は何から出てきているのか。さかのぼっていけば、たとえば後醍醐天皇などにつながりが……。

司馬　あると思います。伺っていていま、脈絡もなく頭に浮かんだことが一つあるんです。伊予、いまの愛媛県に「あの村はドイトだ」という軽い差別の仕方がありました。最近はあまり言わないようですが……。これは、伊予における南朝方は土居得能《どいとくのう》ということなんです。土居得能党が南朝方で、北朝のつまり足利氏の世の中になってから差別されて、ドイトとは嫁とり婿とりはしないぞ、っていうわけです。いつしかそのいわれも忘れられてしまって、バカを見ていた村も、江戸末期まではあったようです。

その南朝のトップは後醍醐天皇で、これはどうも濃厚な人格ですなあ。エネルギッシュで、好色で、権力欲も強い。好色という点では、歴史上のいろんな勢力の盟主の中では最右翼に入るんじゃないですか。もっとも、非常に哲学的なことの好きな人ですから、好色も哲学になるんです。空海以来、真言密教というのがありまして、それの根本経典が理趣経《りしゅきょう》というお経です。この中に、たしか性愛を九段階ぐらいにわけてある。性愛についてはインドのカーマストラ（愛経）のあつかい方に似てるんですが、たとえば、男女が抱き合うのは、それすなわち菩薩《ぼさつ》の位である。やがてエクスタシーに達するのも、すなわち菩薩の位である。これは性愛というものを宇宙の一つの動きとして、形而上的《けいじじょう》にした見方だろうと思います。インド人というのは、物事の具体的な夾雑物《きょうざつぶつ》をすべて省いて、形而上的にすることが好きですからね。

いわばこの形而上的セックス論を、ナマな形に置きかえた一派が、あの立川流《たちかわりゅう》という、真言宗の内部で長い間邪教とされていた一派で、たしかに空海の本意からいえば邪教だと思います。これの大いなるパトロンが後醍醐天皇だったんです。真言立川流の隆盛は、後醍醐天皇がなければちょっと考えられないくらいです。天皇自身、文観《もんかん》上人という人物を非常に尊敬し、流浪しながらも、どうやらご自身立川流の行者《ぎょうじゃ》でもあったような感じです。その行の中には性的行為は当然含まれますけれども、同時に加持祈禱《かじきとう》もやる。後醍醐天皇自身が、敵を調伏《ちょうぶく》するために加持祈禱したといわれていますから、これは相当こわい人ですね。つまり人を憎むと、とことん憎む。愛する場合もとことん愛するんでしょうけれども。何か古代的なデーモンを持ったような感じの人格だったような気がします。

男女の愛液を髑髏に塗って

綱淵　すると、後醍醐天皇は天皇家のうちで一種の突然変異的な……。

司馬　そうですね。日本の天皇家は、中国の皇帝や西洋のそれにくらべると凄いのがいなくて、中世ではせいぜい白河、後白河がなかなか食えない人だったぐらいで。しかし体を動かしての行動性とか、政治的にも哲学的にも一種のモダニズムをもっていたという点では後醍醐天皇だけかもしれませんね。さっき好色と言いましたが、つまり宗教的なまでの好色だったような……。真言密教の密具を空海はいっぱいつくっていますが、真言立川流もそれとは違う道具をずいぶんつくっています。たとえば、氏素姓のはっきりした髑髏《どくろ》をもってきて、男女の愛液を塗ったりします。ちゃんとした美人と行者がセックスして、高潮しきったときの男女の液を、どうやって採取するのか知りませんけれども、それを採って何回も何回も髑髏に塗るんです。そうしないと、効き目のある呪具《じゆぐ》にならないというのですから、大変なものだと思います。あんなのは世界中にないんじゃないかな。まあ、好色というのは一つのクセで、野球が好きだというのと同じですから、（笑）後醍醐天皇論をする上でとりたてて言う必要もありませんが、ただそこにまで宗教性をもちこんだという点では、性格論として見のがせないと思います。

綱淵　その髑髏をどういうふうに使うのですか。

司馬　祈禱のときに使うんです。後醍醐天皇自身行者だと自分を思っていますから、自分の探し求めた女性と交合して、その瞬間の愛液を塗ったかもしれません。

綱淵　それに、日本で最初の政治イデオロギーの持ち主という面もあった。

司馬　この政治イデオロギーは立川流とは別物で、宋学からきています。天皇は中国における皇帝であるべきだ、といい過ぎるほど言っています。彼は中国皇帝になろうとしたんですね。専制者であり、独裁者であり、官僚を手足に使うものであり、万能者であり……日本の天皇とはまったく違う存在、中国皇帝になろうとした唯一の人じゃないかと思います。マルクスかぶれのようなものですね。政治的イデオロギーは宋学で、生命の大高揚としては真言密教。真言密教は即身成仏《じょうぶつ》。それも立川流はセックスに基礎を置いている。こういう人柄ならこわいものなしじゃないでしょうか。

綱淵　後醍醐天皇を考える場合、彼をかついだ楠木正成《くすのきまさしげ》とか、そういった人間たちも問題になってきますね。

司馬　ふつうの場合ですと、かつがれた人っていうのは、人格がわりあい希薄なものなんですけれども、後醍醐さんの場合は権力的人格として濃厚すぎる人で、あの人がいなければ事件は起らなかったでしょうね。ただ面白いのは後醍醐さんの南朝方が流浪するのですが、そのときの経済的基礎はどうなっているか、という点です。彼らには土地がない。土地は北朝が持っている。つまり鎌倉体制の土地に立脚した農本主義の政権を北朝はひきつぐわけです。土地のない南朝は、結局、新たに起りはじめた貿易です。揚子江以南の商業が非常に盛んになってきて、東シナ海貿易が九州を中心に行なわれはじめ、京都にも及びつつあった。商業というのはゼニですから、そのどんどん入ってくるゼニの上に後醍醐さんは乗っかったわけです。帝王の上代的復権を理想とする人が大変モダンなものの上に乗っかっているというのは面白いように思いますね。

楠木正成は御家人ではありません。鎌倉体制以来の、正規に認められた田地を持っている地頭ではなく、御家人帳には載ってませんね。とすると、河内《かわち》平野に勃興《ぼっこう》しはじめたゼニ経済の中にいる人らしい。たとえば交通業者とか……。

綱淵　散所《さんじょ》（社寺などに属して運輸・土木・雑務などに服したもの）などにも関係があったのでしょうか。

正成は昂奮教の始祖

司馬　あれはどうも思い過ぎじゃないかと思います。しかし、散所もゼニ経済の中に巻きこまれていたから、その意味では同心円の中にいたのかしら。河内は当時、農業だけでは食いにくい土地ですから、ゼニ経済がひろがり、次男・三男坊がどんどんゼニ経済の中に入っていく。楠木さんもこのゼニ経済の一つのポイントをになっていた家じゃないでしょうか。彼の山砦《さんさい》は金剛山の麓《ふもと》ですが、これがまたよくできた話で、あの辺は密教の寺院がびっしりあるんです。観心寺で学問したといわれてますが、観心寺は密教の大事なお寺です。それに金剛山は葛城《かつらぎ》山系ですから、そこには昔から山伏が走り回っていた。山伏はむろん密教的な存在です。ですから、楠木勢力には思想的には密教の匂いは多少あります。けれども正成という人は密教徒でも何でもないんで、どちらかというと儒学的な人ですね。儒学的な正義意識の人で、そういう政治的な正義意識というのは仏教からはまったく出てきません。宋学から出てくるわけです。彼はおそらく観心寺で宋学を学んだのでしょう。

後醍醐天皇のグループにも、宋学を学んだ公卿が多かった。宋学ってのはマルクスだと思ったらいいんですね。儒教はもともと、神様はこうして祭る、先祖の霊はこうやって祭る、長幼の序はこうだ、という多分にお作法であったのが、宋学に至ってにわかにイデオロギー学になってしまったんです。夷《えびす》は退治すべきだ、というものですね。これは尊王攘夷ということです。これが幕末の尊王攘夷になり、日本人が大変昂奮する。こういう抽象概念に昂奮するなんてことは、かつて日本にはなかった。藤原鎌足も足利尊氏も昂奮してない。つまりそれまで日本には政治的正義の思想はなかったのです。こうあるべきだ、と急に一大電光が頭に灯《とも》るようになって走り出すという意味の正義です。正義というのは多分にイデオロギー的であり、多分に得手勝手なものであり、抽象的なものですけれども幕末の志士はこの抽象的なものに昂奮した。それは大正末期から昭和初年のマルクス・ボーイにひきつがれ、戦後いまなお昂奮するようにできてしまっている。その昂奮教の始祖が、楠木正成である。(笑)——という図式には人間はなかなかあてはまりませんが、行動はそうですね。私は毎日金剛山を眺めながら住んでますので、楠木さんは他人とは思えません。(笑)

エネルギーのなさそうな北朝

綱淵 例の「七生報国《しちしょうほうこく》」ということは、やはり真言密教から来たのですか。

司馬 ええ、あれは密教だと思います。七生報国になりますと、呪詛《じゅそ》、呪殺、調伏といったことと同じメンタリティの中にあるもので、そういうのは大変まがまがしきものである、といった人が江戸時代だったか、いますね。けれども真言密教においては七度生まれかわって仇を討つ、というのはきわめて正当な考え方です。

ところで、もう一方武家方がかついでいる北朝の天皇のほうですが、この系統の天皇たちはわりあいスカッとしてるんですね。ほとんど禅宗なんです。それもばかに禅宗が好きで、非常にすずやかな姿勢です。わたしは何も北朝びいきではありませんけれども、非常に対照的で面白い。真言密教立川流のエネルギッシュな上代的な怨念《おんねん》のようなものをもった後醍醐天皇の人格とくらべて、北朝の天皇さんたちは攻撃性がすくなく、エネルギーがあまりなさそうな感じなんですね。（笑）南朝が暴れまわっていて、自分たちを偽朝だとしていることで、居辛くなって何かしてるような感じ。そういう浮世がイヤで、禅でもって解脱《げだつ》したい、という感じなんです。北朝の天皇の中でほんとにお坊さんになってしまって、世から隠れてしまうという例もありました。

北朝をかついだ足利尊氏なぞも、夢窓国師を尊敬した大変禅的な人でしょう。後の室町文化は禅一色ですね。禅という一種の合理主義が好きですよね。それに対して南朝は不合理というか不条理というか、そういう精神がエネルギーになっていたんですね。そういうものが織田信長の頃になると、日本人もだいぶ近代的になって、あまり密教ははやらなくなる。禅も同様にはやらない。信長自身が痛烈なほどの無神論者です。われわれの歴史の中で、かれが非常に格調の高い無神論者であったことは、世界史的な意味があると思います。その点、明智光秀という人は古いものに体を置いていきたい。丹波の領主になっても愛宕山《おたぎさん》を大切にしたように真言密教的な雰囲気を好んだようです。

綱淵　ぼくは樺太《からふと》生まれですが、おふくろが津軽なんです。そのせいか、どうも恐山《おそれさん》とか、ああいう雰囲気が強いんです。それは土俗的なもので、密教とつながりがあるかどうかわかりませんが、その雰囲気のもつ恐れみたいなものが、ぼくの中にかなりあるように思います。

司馬　こわいなあ。（笑）

綱淵　べつにこわくはありませんけど。（笑）

司馬　なるほど、綱淵さんの『斬《ざん》』を読ませていただいて、そう感じますね。やっぱり縄文《じようもん》時代からずっと東国に息づいていた自然との対決の仕方が、密教が入ってきて習合していった感じですね。わたしのような琵琶湖から西の方の生まれの者には、たとえば羽黒山《はぐろさん》の山伏なんて気持が悪い。恐山まで行きますと、わたしもモンゴル人が好きですけれども、モンゴル人よりもっと異人種のような感じです。（笑）

綱淵　ぼくの親父は山形でしてね。戦前住んでいた樺太まで、羽黒山や湯殿山《ゆどのさん》のお坊さんがやってくる。すると親父は必ず家につれてきまして、祈禱してもらう。ぼくはそのそばにすわらされましてね。親父は漁業をしていましたので、仏壇とか神棚《かみだな》は割合に立派なものを飾っていましたが、その前にすわったお坊さんが、厚い経文を一方の手へ滝のようにバラバラと落下させる姿などに見惚《みと》れたりしたものです。そういう雰囲気がしみついているせいか、ぼくは密教の密ということばを聞いただけで、何となくヘンな感じになってきます。

司馬　わたしは密教というものに、他者としての不可思議さで興味があるんですけれども、綱淵さんは自分自身の問題として関心がおありのようで、そこが面白いですね。

まあこれは非常に図式的ないい方で、だから言うのに勇気がいるんですが、日本はやはり東海地方のどこかを境にして、人文の底の部分が違うところがありますね。言語だけじゃなくて、自然というもの、神というものに対する感じ方もずいぶん違う。図式的にいいますと縄文的なものと弥生的なもの、それは古い新しいではなくて併存していたと思うんです。

はじめて白河関を越えたときの感じを、今も覚えてますけれど、遠いとこへ来たんやなあ、これはアメリカよりも違うんやないかというのが実感でした。平《たいら》の競輪場に行ってみて、これは明らかに縄文的な人達だ、と思いました。非常に恨みっぽいんですよ、競輪で負けても。（笑）負けたオッサンが何か叫んでるのですが、それがものすごい。ところが関西の競輪場の敗者は、車券を買ったとたんオレの買ったヤツはあかんあかんと思っている。そう思うことで保険をかけてる。つまりダメだったときに、えらく失望しないように保険かけてるわけで、東北にくらべるとずるいわけです。何となくそれが関西的、弥生的で、千利休的に思えるんです。（笑）平の競輪場の敗者どもはすごかった。人間、これだけ恨みっぽくなれるものかと、すごく感激しました。そういう風土というものは、わたしにとって、むろん密教と重なるんです。それから縄文的な信仰ですね。

縄文的信仰というのは、天地を動かそうとする信仰、つまり嵐を止めたいと思えば嵐は止まる。病気を治したいと思えば、病気が治って、足萎《あしな》えもまた立つ。そういう信仰ですね。あとから入ってきた密教にしてもそうです。仏教が正式に東北地方に入ったのは江戸時代ですけれども、もっと早くお上人という土俗的な名前で呼ばれる人たちによって、羽黒山を中心に広められたと思うんですけれども、それが土地の縄文的気分とくっついたんですね。その匂いというものは、やりきれなさもたしかにありますが、やっぱりわたしはまばゆいような、どきどきするような美しさとして感じてしまうんです。そのために、わたしは中学を出るとき、旧制高校はどうしても弘前《ひろさき》だと思って受けて落ちたんですがね、数学零点で。（笑）

縄文人はどこから来たか

綱淵　司馬さんの『梟《ふくろう》の城』とか、そういう忍者の世界を読むと、ぼくはそこに密教を感ずるんです。忍者の世界というと、夜が多いわけですが、その夜が単に暗いといった平面的なものではなくて、杉の木立《こだち》に夜が重くある、その中に魂がある、という感じが『梟の城』にはありますね。それは司馬さんの中に密教的なものがあってなのか、いわば外国人として外から密教を見る立場で書いてらっしゃるのか、一度お聞きしたいと思ってたんです。

司馬　やっぱり外国人として、です。空海に関心もったのは、二十代の頃なんですけれども、わたしの知り合いの坊さんで筋の通ったインテリがいまして、ところがあるとき、誰にも頼まれていないのに一所懸命雨乞《あまご》いしてるんです。雨乞いの祈禱をあげてるんで、びっくり仰天して、彼の知性を信頼していた私としては、裏切られたような感じになったんですが、それ以来ずっと関心をもちはじめたんです。『梟の城』も当時の山河に生き残っていた雑密《ぞうみつ》の気分のようなものを書いたつもりです。空海の場合は純密ですが。

さっきの縄文の説にもどりますけれども、縄文人はどこから来たか、種族は何であったかということは実に疑問ですね。少なくとも西北の方から来た人ではないでしょう。結局はギリヤークとかオロッコとかにつながった人たちだったんじゃないか。

綱淵　と思いますね。

司馬　わたしたちの血液の中には、オロッコ、ギリヤークが入ってるんじゃないか。とりとめもない言い方ですが、義経が奥州へ行って馬の集団戦法を習いますね。あれは世界史的にみて、騎兵の集団戦法というのはまだなかった頃です。それを習得して平家落しに使っています。騎兵というものを一騎討ちの道具にせずに、集団で運用し、その機動力をもって長駆、敵の意外なところを突く。そういう騎兵の運用思想は西洋でもずっと後世にならないと出てこないわけで、それはどこから来たかよくわからないんですけれども、平泉にその思想があったのは事実でしょう。

それから平泉の異質さはミイラですね。ミイラの思想は日本になかったのに、平泉四代のミイラがでている。その藤原氏は西方からきた人の骨格であったらしい。しかしそんなことはどうでもいいので、土地そのものに伝承されている異風なものが、やはりあったはずです。

それともう一つは、焼畑《やきはた》農業と狩猟で生活していた種族が、奥州で力をもっていた。桓武《かんむ》天皇のころまで濃厚でしょう。桓武天皇は何べんも奥州征伐をしては、失敗につぐ失敗をつづけています。この奥州征伐は桓武天皇以前、『古事記』『日本書紀』のころからすでにあるんです。ついでながら、この征伐というのは何かといいますと、西洋流、中国流の征伐とはちがって、殺しに行くんじゃない。このごろになってわかってきたんですけれども、弥生式農業をやれといいに行くんですね。彼らが狩猟で山野を駆けめぐっていたら、定着農民は不安でしようがない。定着して弥生式農耕技術の生活を営むことが、日本における王化なんです。偉い将軍が奥州に遠征してパンチを加えたり懐柔したりして、彼らがしかるべき土地で水田耕作をはじめたら征伐はおわり。要するに、農業のすすめなんです。そうすると国家が安定するという思想があったんですね。それにしても、山野を走りまわっている連中は、一体なんだということなんですけれども。われわれの先祖の一半なんだが、これは地理的に考えても、オロッコとかギリヤークと同系なのかな。

綱淵　ぼくは司馬さんの分類からは縄文人に入るわけですが、弥生人というものがどうもよくわからないところがあるんです。というのは、関西方面にはほとんど旅行したことがないからですね。広島まで一度行ったことがある程度です。英語のトラベルというのは陣痛のトラベールと同じ意味で、ローマ時代の拷問の機械から出た言葉で苦痛ということらしいですが、ぼくは昔、樺太から内地に来るには、汽車に三日三晩乗るという苦痛体験があって、どうも旅行が嫌いなようです。

会津藩あったればこそ

司馬　樺太という場所を考えると、それはわかりますね。しかし広島、井伏鱒二《いぶせますじ》さんの備後《びんご》なんかに行きますと、井伏さんという人間の出来上った匂いが嗅《か》げる感じはありますね。井伏さんの小説を読んで感ずるのは、備後の旦那っていう感じです。旦那衆の思想です。何代も何代も旦那で来た家の人間が、しまいには小作はかわいそうだ、ということになってくる。そこらへんに生えている竹もかわいそうだ、つくづく法師もいたわってやりたい、という気持になるでしょう。おまけに吉備《きび》地方というのは、人文が大和よりも古いそうですから、人も相当悪い。そういう人の悪いのをずっと見てきて、なおワラ草履《ぞうり》も竹もかわいくてしようがない、という入りくんだ感じはやっぱりアズマの茨城県あたりではない。

わいですね。

綱淵　その入りくんだ感じというのは、ぼくはよくわからないけれども、何となくこ

司馬　そうなんです。煮ても焼いても食えんという感じ。それでいて大旦那で次男坊の気楽なところもあるし、何となく井伏さんには備後あたりの旦那やなという感じがしますね。

話がまたとぶんですけれども、会津のことを調べるために、しばしば会津若松に行ったのですが、一度、土地の人とお酒を飲んだことがあるんです。会津若松市の代表的インテリという人たちとです。そのとき一つびっくりしたことがあった。伊藤整さんと学校が同じで伊藤整さんを非常に好きだという人がいまして、それが多分好きの余りでしょうが、はじめからしまいまで悪口なんです。それも理論的な悪口じゃなくて、かわいさあまって憎さ百倍という形での愛情表現なんです。伊藤整さんとはただ学校が同じだというだけで、一、二回しか会ってないのにすごい感じでした。だんだんお酒を飲んで話が進むうちに、おおやっぱり東北だな、東北の愛情表現はすごいな、と思って、ちょっと逃げだしたくなるような雰囲気だったですね。敗者の精神というのは、ここにもあるんだなと、わたしは浅はかに思ったもんです。

むろん、幕末における会津藩というのは、はじめからそうでしたが、江戸体制の諸藩の中では一番インテリの藩でした。全国でいちばん普通教育が普及しており、藩そ

ものに珍しく哲学のあった藩です。それは藩祖の松平（保科《ほしな》）正之《まさゆき》が江戸初期の人としては珍しく思想的な人で、儒学だけでは辛抱できずに、山崎闇斎《あんさい》流の一種の神道みたいなものを思想的には闇斎を越えてたぐらいにやった人なんです。それと武士道、つまり徳川家への忠誠心をもって藩風をつくった。そして、やがては藩校の日新館を中心とするそういう精神活動がはじまっていくんです。それが結局、白虎隊《びゃっこたい》という形、もしくは会津攻防戦という形で出てくる。非常にみごとなものです。日本の幕府の崩壊期に会津藩という存在がなければ、日本人なんて信用できませんね。会津藩あったればこそ、われわれ同民族をちょっと信用できる、という感じがあるんです。けれども、あのものすごさというものは、やはり東北、白河関以北の土俗のエネルギーというものがなければ、あそこまでいかなかったでしょうね。会津藩は大変知的に一所懸命に処理しつづけたのだけれども、どうもうまくいえないのですが、会津藩はあっさり散ったというようなもんじゃないですね。いまでも恨んでますでしょう。それはすごいものですね。

百年の怨念をいま晴らす

綱淵　実は今年の成人式に招かれて、会津若松に講演に行ったんです。二十歳の、それも女性の多いところで話をさせられたんですが、おわったすぐあとで市の教育委員会かなんかの人が、その若い人たちにインタビューをするのです。「あなたはいま綱淵さんの話を聞いて、会津に生まれたことを幸福だと思いますか」と聞く。いまの世の中で、自分のコミュニティの歴史あるがゆえに幸福だといわせるのは、めずらしい光景じゃないでしょうか。いまの若者たちはもっと脱コミュニティをしているはずです。ところが「幸福だと思います」と若い女の人が即座に答えているのですね。やはり会津だなと、ちょっと感激しました。

司馬 会津若松の市役所に、一人抜きんでたインテリがいまして、実に明晰《めいせき》な思考力をもってらっしゃるんですけれども、こと会津戦争になると、やっぱり会津人ですね。そりゃみごとなものです。太平洋戦争でさえ、白河からこちらには来なかった、召集されて兵隊に行った人がいるだけだ。ところが会津戦争はほんとうにすごかった。会津をいじめた集団、会津をいじめたところの近代の歴史というものに対する怨念をやっぱり洩《も》らされる。ああ、こういう人でもそうか、と感動したんです。

たとえば会津藩の藩祖・正之という大変な思想家が、奈良県郡山《こおりやま》あたりの藩主であったとしたら、そうはならないでしょうね。いくら同じことをやっても日新館をおいても、そうはならない。世の中、いろいろだよってことになってしまうと思う。ところが東北の土地にはエネルギーがある。藩主・正之は透明性の高い思想を持っていながら、でき上っていくものは、エネルギーに満ちてどうしようもない。ドロドロしたものなんですね。外国人みたいないい方なんですが、それがわたしには非常にみごとな感じがします。

わたしは『王城の護衛者』で、松平容保《かたもり》のことを書いたとき、会津の人からずいぶんたくさん手紙をいただきました。小説を書いてあんなに手紙をもらったことはありません。ある手紙などは立派な文字で「伏し拝んでいます」とかいうようなことで、百年の怨念をいま晴らしてくれた、というんです。こっちは昨日のことも忘れるような人間ですから、その執念におどろくわけです。日本人は忘れっぽいというけれども、白河以北はちょっと違うんじゃないか。（笑）

会津と毛利の怨念のちがい

綱淵　そういう意味では、西の毛利はどうですか。

司馬　あれはお話が多いです。関ヶ原の恨みは忘れない、三百年間、東の方に足を向けて寝たといわれますが、証拠がありません。かといって、怨念は怨念です。経済的な怨念としては、会津よりも痛烈です。関ヶ原で防長二州に閉じ込められて、ほとんどの武士が無給に近くなったんです。当時の殿様、毛利輝元《てるもと》は経営できないから、もう藩を投げ出すといった。つまり藩を解散する、と幕府にいいに行っています。この間まで百石の者が二石ほどになってしまうし、三十石だった者は無禄でしょう。だから、どこか山野を開墾して、何とか食っていかなきゃならない。そういう家族あげての生活の痛みが恨みになっていくわけですけれども、しかし、ドロドロした怨念はない。いつかは仕返ししてやるぞ、というぐらいはあるけれども、ドロドロした怨念はないですね。

綱淵　どうも密教とドロドロした怨念をつなぎすぎたような気もするんですが……。

司馬　いやいや、日本人が密教を受容したのは、まさしくその部分かもしれません。これはもう明快にいってもいいんじゃないかと思います。

綱淵　会津戦争のことでは、かねがね司馬さんにお聞きしたいと思っていたことがあるんです。それは明治政府の会津と庄内に対する処分のきびしさの違いなんです。明治政府の側から見れば、それはまったくの偶然で、庄内には西郷隆盛が行ったから寛大で、会津の方には板垣退助なんかが行ったから、というよりは、板垣のうしろに長州の大村益次郎がいて、彼によって代表される、いわば近代合理主義的な思想があって、ああいうひどい戦後処理になったのか。ぼくは西郷ないし薩摩藩的な一つの戦後処理の方法は、占領地の自治にまかせるというやり方、それに対して長州的なものの考え方は合理主義的というか、目には目を、歯には歯をというやり方のように思うんですが……。

司馬　その点は非常にむずかしいんです。幕末において会津と庄内は、幕府勢力を支える尖兵《せんぺい》だった。庄内藩が江戸の非常警察をつとめる新徴組《しんちょうぐみ》をかかえ、会津藩が京都の非常警察をつとめる新選組をかかえた。ですから新選組のやったことは、全部会津藩がやったことに、法理的になるんです。印象的にもそうです。だから、どちら側も戦犯藩なんですが、庄内には非常に寛容なんですね。

革命とは苛烈なもの

綱淵　薩摩屋敷を焼いたのは庄内藩なんですよね。

司馬　そうでした。そうなのに、たまたま西郷さんが庄内に行って、官軍の参謀の一人で当面の正式な責任者であった黒田清隆に「処分は寛大にしなさい。庄内の人には尊敬する態度で接して、キチンと戦後秩序を保たせなさい」と助言しているんです。黒田はその通りにするんですね。ですから、庄内藩にも、非薩長勢力にも黒田は評判がよかった。面白いのは、黒田は偉いといわれて、彼はそれをすぐ打ち消してあれは西郷さんの知恵で、西郷さんがそうせよといったからしただけで、自分は何もしたわけではないといっています。ところが黒田という人は五稜郭《ごりょうかく》の処分にも寛大でしょう。あれは薩摩的なんです。戦国のころから薩摩にはあの方式があるんですね。ですから庄内は西南戦争でも西郷の下に馳《は》せ参じているし、その前に薩摩の西郷屋敷をたずねて、『南洲遺訓』という速記をとっています。西郷の思想を文字に書き表わしたものとしては、あれが唯一のものです。しかし、この恩義の返し方もまたすごい。これも東国の縄文的すごさですね。いまだに庄内での人気は西郷さんは大変なものです。

反対に会津に対しては苛烈《かれつ》でした。軍司令官は板垣退助で、参謀に桐野利秋なんかいますけれども、何といっても長州の発言力が会津については大きかった。薩摩も遠慮せざるを得なかったのは、新選組には薩摩藩士は一人も斬られていないんです。長州と土佐ばっかり斬られているわけです。おっしゃるように、目には目、歯には歯を、でやろうとする長州を、薩摩は黙認せざるを得なかった、ということはありますね。

ところが、もう一つある。ここで西郷隆盛を二枚目ばかりにしていられないので、革命とは苛烈なものだということもいわなければならない。西郷は徳川慶喜の首を斬るつもりだったんです。はっきり首を斬って、晒《さら》しものにして、この首を見よ、世の中は変ったのだ、将軍の権威なんてこれでおしまいだ、と世の中の人々に示す必要があった。それは大久保利通と西郷の鳥羽・伏見前後までの執着だったわけです。つまり、革命というのを具体的に、いまならマスコミというものがありますが、当時はそんなものはない。何らかの具体的な形で示さなければならない。源平時代、この間まで京都の大将だった木曾義仲が、負けると三条河原あたりで晒されるようなもので、それだけで世の中が変ったとわかるわけです。だから徳川慶喜の首だけは斬らなければいけない。調和能力の大きい、寛大な薩摩の西郷、大久保でさえそう考えています。

慶喜の首をとらなければ、何のために鳥羽・伏見を戦い、東征軍を発し、江戸に入ったか、このエネルギーの目的はここにあったんだということを世間に示せないでしょう。けれども、慶喜の方がたくみに逃げていくので、首をとれなくなったんですね。となると、それに次ぐものは会津藩もしくは会津藩士です。

綱淵　松平容保と彼の弟で京都所司代だった桑名藩主松平定敬《さだあき》は戦犯第二等ですね。第一等はもちろん慶喜。

日本史で最も痛ましい情景

司馬　慶喜は首を狙《ねら》われていることを知ってるんです。会津藩が鳥羽・伏見で敗れて大坂まで退き、大坂から船で慶喜とともに江戸へ軍艦で帰りますね。江戸にしばらくとどまっている会津藩に、慶喜はぬけぬけと国へ帰れといっている。こんなむごい話はないです。慶喜は会津と一緒にいると自分の首が落ちるわけですから、官軍がくる前に江戸を清めておかないとどうしようもない。ですからあれだけやった会津藩は、傷病者を背負い、重い足をひきずり、車輪のこわれた大砲をひっぱってはるばる会津まで帰っていく。これはいま話しても涙がこぼれる思いです。日本史の中でもっとも痛ましい情景という感じがします。

つまり、会津をやってしまって慶喜は助かったわけで、そうすれば当然、算術的決算をして目標は会津藩となる。中世的なやり方ですけれども、場合によっては会津藩主の首を江戸や京都で晒すことによって、これで世の中変りました、ということを示そうと考えて、ほとんど総力を挙げて会津征伐にとりかかるわけです。会津はもういいかげんにしてくれといってるんです。いってるのに許さない。許さないのはどうしようもない感じです。これが革命のものすごさだと思います。わたしは会津にとって他人だから、こんな薄情なことをいうのかもしれませんけれど、会津もやっぱり京都で血でぬれてしまったんだから、血でそのお返しを受ける以外にしようがないと思うんですね。それが革命のルールというものかもしれません。やっとこの会津攻略のものすごさで、明治維新も革命だったのかな、という感じがするわけです。その意味では、万斛《ばんこく》の涙を注ぎつつ、やはりしようがなかったかなと思ったりするんです。

綱淵　たしかに、たとえば山川浩の『京都守護職始末』を見ても、会津の眼は慶喜に対して何となくきびしいですね。謹直で、自分の主筋にあたる者には絶対に忠誠を誓うはずの会津藩のそういう人でも、どうにもがまんできないで書いているようなところがありますね。

司馬　そうです。会津人から見たら、慶喜こそ憎まれるべき人間です。ところが、慶喜自身に言わしむれば、自分を守ることがお前たちの役目ではないか、という理屈です。そこに貴族にしかわからない正義があるんです。慶喜という人は非常にすぐれた人で、庶民に生まれていても相当な仕事のできた人です。また欲得もあまりない人なんです。彼の不幸は水戸イデオロギーの家に生まれたことです。たとえば鳥羽・伏見の戦いは、慶喜が本気で自分に正義ありと考えていたら、当然勝っています。五万の兵隊を持っていたのですから、京都を包囲したら当然勝っていたでしょう。勝って天皇を擁してフランス式の郡県制度を布《し》くという、やや空論ながらもそういう案が慶喜の側近にはあったようですから。ところが前哨戦《ぜんしょうせん》で負けたら、すっ飛んで逃げたというのは、自分でころんだというか、慶喜自身が自分の観念に敗れたのだと思います。自分が賊軍になると思った。つまり水戸イデオロギーという宋学のおとし子からいえば、不正義になると思ったんです。江戸に帰ってからも、切腹しないですむように、殺されないようにと、逃げに逃げています。命が惜しかったのかというと、そうではないんですね。あそこで殺されたら、彼自身が不正義になるんです。ここはどんな屈辱的な恭順姿勢をとっても、自分が生き延びなければならない。そうでないと、後世は徹底的に不正義にすると、慶喜のイデオロギーからは思われるんです。だから逃げまくったわけです。そういう慶喜の立場も考えてやれば、会津藩の愚直さにも涙を注ぐけども、慶喜は卑怯だときめつけるわけにもいかない。政治というのはそういうものだと思うんです。

むごい会津への仕打ち

綱淵　ですから、会津藩は慶喜に裏切られ、薩長側からは最終的に首をひねらなければ革命は終らない、とやっつけられた。そのために、今でも百年の怨念が残ってしまったんでしょうね。いまぼくたちから見て、会津藩でいちばん気の毒だと思うのは、お前は朝敵だ、いや濡《ぬ》れ衣《ぎぬ》だというようなことよりも、現実に斗《と》南《なみ》藩に移されたことだと思います。

司馬　そうですね。戦死とか城を枕に討死したとかいうのは、侍というものはもともとそうなるべきものであって、江戸の侍の美学からいえば、むしろ会津藩は恵まれていたということになるでしょう。

ところが、斗南藩というのは、今でこそ地価が上っているそうですが、（笑）下北半島です。わたしも行ってみましたけど、どうぞここで遊んでのんびり暮らして下さい、とタダで地所をやるといわれても、断わりますね。その自然環境の淋しさ。何ともいえない蕭殺《しょうさつ》たる風景で、しかも土地に生産性のないところです。米は実らないし、荒地というより、要するにシベリア送りでしょう。シベリアなら獣がいるから、まだ生活できるかもしれない。そんなところに三万石ということで送られたんですね。

綱淵　実際の物成《ものなり》は六、七千石だったそうです。静岡に無禄移住した幕臣たちよりも辛いわけですね。

司馬　それは問題なく辛いでしょう。女子供も入った大世帯をそんな地に移すのは、これはむごい。そこまでやったヤツは残酷ですね。会津落城で松平容保が城下の盟《ちかい》をすべく奔走して、かわいそうに出てきたというところでおしまいにすべきでしたね。

三人三様の責任のとり方

綱淵　だいたい会津藩は石高二十三万石、それに京都守護職になったとき役料として五万石、計二十八万石の、東北第二の大藩なわけですが、戊辰戦争の戦後処分として明治政府はそれに〈猪苗代《いなわしろ》または陸奥の北部にて三万石を賜わる〉旨の内意を伝え、そのどちらかを選べということだったんですね。地元である会津若松にいた人たちは、たとえ小さくなって辛くても猪苗代にいたいという。ところが東京で新政府と交渉している人間は、何かワナがあるのではないかと考える。うっかり会津に残るということになれば、会津藩はまだオレたちに弓を引く気持があると新政府は判断し、藩主の幽閉解除や帰藩にも影響するのではないか。そう考えて、権大参事の山川浩と少参事の広沢安任《やすとう》、永岡久茂の三人が、陸奥三郡つまり斗南移住説を積極的に説いた。明治二年に決定して、明治三年に移住。四年には廃藩置県ですね。そのときこの三人も、もちろん移住して、藩士たちといっしょに苦労したわけですが、とにかく斗南経営は失敗だったという見地から責任を取らなきゃいけない。べつだんだれも責任を取れといっているわけではないのですが、彼らほどの人物になると、おそらく自分の気持の中でその責任の取り方を考えていたというのです。この責任の取り方が三人三様で実に興味があります。

まず第一の立場は、〈朝敵〉の汚名を返上し、青天白日の身として藩士が官途につけるようにすることで責任を取る。そのためには体制内に入って顕官となり、藩閥政府のなかに自己主張のできる場を獲得する。この路線は山川浩が歩んだわけです。山川は結局陸軍に入り、西南戦争で手柄をたて、やがて陸軍少将、男爵となる。そして『京都守護職始末』の編纂《へんさん》を手がける。これは会津藩の幕末における立場を鮮明にしたもので、孝明天皇と会津藩の密接な関係を述べ〈朝敵〉などではなかったことを主張したものです。そして山川浩は明治三十一年に死ぬのですが、その跡は弟の山川健次郎がつぎ、健次郎は東大・九大・京大の各総長をつとめ、枢密《すうみつ》顧問官、男爵になり、結局、会津松平家の一族である当時の駐米全権大使・松平恒雄さんの第一女・節子さん（この名はたまたま皇太后と同名だったので勢津子と改めましたが）を秩父宮妃殿下として御入輿《ごにゅうよ》させるなかだちをするわけです。御婚儀は昭和三年、ちょうど明治元年から六十年ひとまわりした〈戊辰〉の年で、会津の人々はこの日こそはじめて〈朝敵〉の汚名が消えたと感激したわけです。山川浩の責任の取り方は、その死後、弟健次郎によってようやく完成するような、たいへん遠大なものだったわけです。

第二の立場は広沢安任の路線で、それは斗南の地を選んで藩主および藩士に言語に絶する苦労をかけたわけですから、斗南の現地の開拓に一生を捧げるという責任の取り方です。そして広沢牧場という広大な農地兼牧場を作り、イギリス人を雇って近代牧畜業と酪農業に成功し、斗南の地が開拓可能であって、自分たちは嘘をいったのではないということをはっきりと証明してみせたわけです。

司馬　いまでもやっているんですか。

綱淵　戦後の農地改革で縮小されましたが、やっています。

司馬　偉いものですね。

演劇要素の高い存在

綱淵　三番目の立場がいわゆる〈腹を切ってみんなに詫びる〉というもの。つまり死でその責任を贖《あがな》おうという立場ですね。この立場をとったのが永岡久茂だと思うのです。そしてタダで死んではつまらない。だいたいこんな斗南まで〈挙藩流罪〉ともいうべき苛酷な処分をしたのは薩長政府である。どうせ死ぬなら、戊辰戦争以来の全会津藩士の怨念を代表して、薩長政府を顚覆《てんぷく》させたうえで死のう、というところまで意識が発展した。それがのちに〈思案橋《しあんばし》事件〉となって現われるわけです。

以上、三人三様の立場は、三人話し合いのうえで分れたのか、自然に分れたのか知りませんけれども、ああいう場合の責任の取り方というものが、この三つですべて出ているような気がするんです。

司馬　それは面白い見方ですね。

綱淵　そういうわけで、いまや朝敵というレッテルは一応とれているのに、まだ会津の人たちに何かモヤモヤしたものが残っているのは、永岡久茂の霊を弔《とむら》っていないからだと思うんです。（笑）その恨みのエネルギーがほんとうに消えていないから、いまだにこだわるのではないかと思います。

司馬　なるほどなあ。もっとも会津人の恨みが深いというのはどうしようもない面もあるんです。薩長などが尊王攘夷というイデオロギーを掲げたのは、特に長州が掲げたのは、ほんの吉田松陰からですから、新米もいいところです。会津藩は世間が誰もそれをいわなかったころからそうでしょう。攘夷でないにしても、尊王です。革命思想は持っていないんですけれども、尊王ですね。藩祖の保科正之がそういうふうにしたんです。オレのところは老舗《しにせ》だ、卸問屋だという意識はあったでしょう。その卸問屋が新米に逆手にとられてやられてしまうわけですから、その辛さはあったでしょう。

それに会津藩は単に権勢欲が強くて京都に出て行ったわけではない。会津藩が強いからです。幕末、というより江戸期を通じて、藩で強いのは会津と薩摩だけです。だから幕府は会津藩に京都の警備を頼んだということもあり、かつ会津藩は教養人が多かったんで、守護職になれば公家勢力との間の調和がうまくいくだろうということもあったでしょう。幕末のはやり思想になっている尊王ということの宗家だということもあったでしょう。おまけに京都へ行くときに、イヤだ、イヤだと言っていた……。

綱淵　全藩挙げてそうだったですね。

司馬　会津藩は自分たちの歴史的結末を見ぬいてたのでしょう。情報量は比較的少なかったと思いますけれども、幕末であれだけ煮えたぎってきたら、時代が変るということは分っていたはずです。あの藩には早くから、わりあい国家学的な思考法が定着していたから、ものごとの運命がわかる感じですね。京都行も、今行けば大変なことになると断わっていた。そうかといって、徳川の恩顧は忘《ぼう》じがたくで再三再四の懇望でついに断わり切れなくなり、京都行を決めたときは君臣相擁して泣いた、といいますね。だから京を戦場にして死ぬのも、目先が利かないで行ったたんじゃないんです。むしろ利きすぎて行った。そのころ、はたして会津藩ほど目の利いた藩があったかといえば、それはないでしょう。薩摩、長州は別として、ほとんどの藩がボンクラなんですね。そこがちょっと気の毒な感じがします。気の毒な感じっていうのは非常になまぬるい言い方でして、歴史的緊張期に反革命の側に立つ会津藩としては、きわめて演劇要素の高い存在であった、ということは言えますね。

維新に乗り遅れた士族たち

綱淵　ご存じのように〈思案橋事件〉というのは、明治九年十月二十九日の夜、東京の日本橋小網町にあった思案橋のたもとで、会津藩士を中心とした十数名と警官四名とのあいだにおこった衝突事件にすぎないわけですが、その十数名というのは前原一誠の萩ノ乱に呼応して、これから舟をやとって千葉に渡り、県庁を襲って県令や参事たちを殺し、佐倉鎮台の兵をあつめて若松に行き、そこで薩長政府顚覆ののろしを挙げようとしていたことがわかって重大化したわけですね。結局は反乱未遂で単なる警官殺傷事件に堕《だ》したわけですが、そのリーダーがさっきの永岡久茂で、かれは判決の下りるまえに獄死し、首領株の三人が斬罪に処せられたわけです。ぼくはいまその思案橋事件を調べているんで、ときどき会津に行くのですが、現地の人はどうも思案橋事件を福島事件とか喜多方事件とか、自由民権運動とつなげてほしい、という感じが強いんです。まあ、つなげればつながるんでしょうけれども、どうもいまひとつ燃えないんです。そこで一つおうかがいしたいのは、いま自由民権運動というと、大変すっきりした近代的な革命運動という感じが強いけれども、実際には永岡とか雲井竜雄とか（もちろん彼ら自身はその前に死んでしまいますが）によって代表される、当時のバイロン的詩人派的な革命のイメージをもっていた人が、薩長政府顚覆を謳《うた》い上げ、ついに燃えきらずに自由民権運動に入っていった。そのため政治運動なのか文学運動なのかわからない、もやもやしたものが残ったように思うのですけれども……。

司馬　それは賛成ですね。要するに不平士族の旗じるしにすぎなかった。多分にフィクションの面がありますね。自由民権運動そのものに、多分にフィクションの面がありますね。

ますね。要するに不平士族の旗じるしにすぎなかった。だから後には、自由民権運動者の方がいわゆる侵略論者になったりすることが多かった。維新に乗り遅れた士族およひ庄屋というような読書階級が、薩長憎しと思うときに旗じるしがなかった。そこにたまたま自由民権というものがとびこんできたのでとびついたんです。

これは官費で外遊した阿波《あわ》藩士らが持ち帰ったもので、最初に板垣退助に言うんです。板垣というこの人柄のいい人は軍人としてはすぐれていましたが、他のことではほとんどすぐれたところがない人で、自由民権が何ものであるかということはよくわからない。しかし征韓論で下野《げや》する、しないという前後なので、これあるかなととびつくんです。何となく不満を吸収して、一つの形にするには、これはいいキャッチフレーズではないか、と板垣は西郷さんに話したといわれています。

西郷はその概略を聞いて、わたしはそれをやりたかった、西郷的表現で言えば、その尊いことをするのだ、と自由民権論に対して「尊い」という言葉を使っています。西郷さんは何となく本質がわかったような感じですね。なぜわかったと思うかといえば、こういうことから考えるんです。明治維新政府をつくるという彼の幕末における願望は、坂本竜馬のようなはっきりした政体論はなくて、むしろ尭舜《ぎようしゆん》の世をつくるというような、非常に理想主義的なフワッとしたものがあった。尭舜の世というのは人民のための政治で、国家とか国権という思想はないんです。だから西郷さんは自由民権の話を聞いたとき、私のやりたいのもそれなんです、と言ったわけでしょうか。

ただわたしは、自由民権運動は軽視する方なんです。もっとも、そうでもないと思うときがある。たとえば、熊本の庄屋階級の出で宮崎八郎という人などはその思想を背景とした人としては信頼できそうですね。これは孫文の辛亥《しんがい》革命を援助した宮崎滔《とう》天《てん》の兄貴です。それが協同隊というものを組織して、西南戦争のとき西郷軍に参加するんです。他の熊本士族は別の隊を率いて行くが、宮崎八郎だけは別派で協同隊をつくる。彼は二十代で、自由民権運動論者なんです。他の連中が、おまえは自由民権論者のくせに、なぜ西郷軍に参加するんだ、とたずねるんです。当時、熊本では、西郷軍は封建復活の旗じるしだと思っていたのです。西郷さんの思想は別として、薩摩士族には封建復活という島津久光的な思想があったものだから、隣りの熊本人がそう思うのもムリはない。

自由民権論者がおかしいじゃないか、といわれたとき、宮崎八郎は、イヤおかしくないんだ、西郷に天下を取らして、そのあとひっくり返すんだ、といっている。ちゃんと政略があるんですね。彼は中江兆民の翻訳したルソーの『民約論』の抄訳みたいなものを写しとっています。これを読んで、はじめて神に会ったキリスト教徒のように昂奮し、感激しているんです。西南戦争のときは、それを褌《ふんどし》の中にしめこんでいたらしく、戦死したとき出てきたそうです。

まあ、そういう非常な純粋派もいたんですけれども、たとえば東北からでてきた河《こう》野広中《のひろなか》など、はたしてほんとうに人民のためを思ってたかどうか。宮崎八郎だってそうなんです。熊本の農民一揆と接触しているんですけれども、西南戦争があったら、さっさとそれを捨てて行ってるんですからね。はたして人民のためを思ってるのか、よくわからないところがある。宮崎八郎にしてそうですから、他は推して知るべしで、ほとんど三多摩壮士みたいなものじゃなかったかと思うんです。

正義は必ず負けていった

綱淵　もとにもどって、勝者、敗者という問題を考えてみると、たとえば信長は殺されたけれども、敗者というイメージは全然ない。反対に光秀は殺していながら敗者という感じが強いですね。道三なんかどうでしょうか。

司馬　道三は敗者ではないでしょうね。やっぱり役目が終った人ということでしょう。敗者っていうのは、自分の役割を世の中に表現しきれずに死んだ人間、グループというようなものでしょう。会津若松藩はその役割をしてたじゃないかといわれるかもしれないけれども、あれは幕府の一官僚としていやいや京都守護職をつとめただけで、火中の栗《くり》を拾ったようなものです。気の毒ながら敗者でしょうね。

綱淵　勝者、敗者という分け方と、もうひとつ強者、弱者っていうのがありますね。強者で敗者というのもでてくるんじゃないでしょうか。

司馬　出てくると思いますね。

綱淵　司馬さんは、大久保利通なんかを強者の一つのサンプルにしておられますね。大久保なんか負けることはないような超強者みたいな感じがします。しかし、西郷は強者でしかも敗者だった。そこが彼の人気のあるところでもあるのでしょうが、幕末維新をおやりになる方は西郷に始まって西郷に終る。司馬さんも西郷と正面から取り組まれたようにお見受けするので、そろそろ幕末維新のことは〈上り〉と考えていらっしゃるんじゃないか、と思うんですが……。

司馬　もう上ってるつもりですけど。（笑）ただ西郷という人は小説に書けない人だと思ってましたし、いまでも思っています。けれども西郷の思想——文章に書かれたものではなくて、そこに存在している何ごとかという意味での思想とか、西郷の同時代および後世への影響というものは、何とか搔《か》い撫《な》でることはできます。まあ、大変謙虚な話ですけどね。（笑）つまり西郷という人は、人工的な人なんです。自分自身を人工的につくり上げた人なんです。道三とか信長というナマの形ではない。西郷はちょっと系列がちがいます。自分はこうあるべきだ、と十代の終りごろから自覚的につくっていったような感じです。素材としては、西郷さんは少年時代のエピソードがないということでは、たいへん特徴的です。とびきりの腕白《わんぱく》であったわけでもなく、むろん秀才であったわけでもない。秀才であったという伝説は皆目残っていない。要するに東京大学には入れない人です。（笑）

ところが、十代の終りごろから、自分は能力のない人間だ、と規定する。生涯、自分について能力のない人間だと規定した人です。これはみごとなものです。だけれども、世間にはいろいろ能力のある人間がいる。相撲を取らしたら強いやつ、知能のすぐれた男、技術に練達したやつとか……そういう人々を使って何ごとかできないか、と西郷さんは考えたわけです。

西郷さんの青春のころというのは、薩摩藩内での政治的激動期でした。藩内のややこしい、正義とは何ぞやという事件ばかりです。しかも正義は必ず負けていった。高崎崩《くず》れとかお由良《ゆら》崩れとかありますね。家督相続をめぐって家中が斉彬派と久光派にわかれ、争闘した事件です。その血しぶきの中で事件を眺めているんです。高崎崩れのときだったと思いますが、西郷さんのお父さんが政治的犯罪人の、しかし立派な正義の人の介錯《かいしゃく》をしているわけです。お父さんがその血のついた遺品を持ち帰って見せると、西郷という人はそれを抱いて終夜泣いたといいますね。正義は必ず滅びています。倒されてむごい目にあっています。薩摩としては珍しくひどいことをしてるんです。屍《しかばね》を掘り出して改めて磔《はりつけ》にしたりしています。政治的正義というものがスローガンとしてかかげられた場合、それを打倒しようとする勢力との競合の過熱は、非常にむごい結果を生みます。そのむごさは宗教裁判に似ています。

綱淵　敗者側に正義があるという過酷な現実を体験的に知ったわけですね。

西郷隆盛のたいへんな英知

司馬　西郷はそういうむごさを見過ぎるほど見て、何ごとかをなさんとしたことはたしかですね。ところが自分は能力がない。とすれば、人のエネルギーを使うしかない。それには私心があってはダメだ。これはいつ悟ったんでしょうか。それは西郷のたいへんな英知だと思います。

考えるに、私心というものがあって、人間なんですね。食欲があり、性欲があって人間である。人間というのは一〇〇パーセントそれで詰まっているんじゃないですか。そういう私心のかたまりのような体の中に、二パーセントぐらいの真空状態をつくろうとすれば、それは脂汗の流れるような大変な努力だと思うんです。しかし二パーセントぐらい真空ができると、その中に人がサーッと吸いこまれるんです。西郷さんはその二パーセントか三パーセント、とにかく人間がなしがたいことを彼の内部においてやりとげた人だと思います。

たとえば、薩摩に青年団というものがあった。各町内ごとに郷中《ごうちゅう》と言いました。この団長は十七、八歳で停年になって、次の人にポストを譲るわけですが、西郷さんはそれを二十四、五までつとめさせられたんです。みんながどうしてもつとめてくれと言う。郷中の団長といっても、たいした仕事はなくて、相撲大会とか肝《きも》だめしとかのとき、賞品を出すだけの役なんです。しかし、青年にとっては鉛筆一本でも西郷さんからもらったらうれしい、という出し手の問題なんです。賞品じゃない。とにかく西郷さんからもらうと、うれしくてしようがないらしいんです。相撲大会なんて、大山巌《いわお》の家の角地でやっていたようですが、大久保利通なんて年下ですから、せっせと相撲を取ってはよろこんでいたのでしょうね。（笑）

この大久保利通の家は、やっぱり政治事件でお父さんが遠島になっています。お手当は没収ですから、食べていけないんです。ご飯がないっていうことは、やっぱりすごいことですね。朝起きてもメシがないという生活を一度やってみると、ほんとうの政治というものがわかるんじゃないでしょうか。大久保利通は昼ごろになると、いつの間にか西郷さんの家にやって来て、自分で勝手にメシをよそって、みんなといっしょに食っていたというんです。西郷の家というのは、男の兄弟が多くてみんなガサガサとメシを食っている。そこへいつの間にか大久保が来ていっしょにメシを食っている。西郷さんの家というのはそういう家なんです。

だから、会津藩のように藩内無風で幕末を迎えた藩ではなくて、すでに勝者たるべく苛烈な試練を経験したのが薩摩藩です。十数年にわたって、正義の血が猛烈に流れているんです。そういう状況におかれた青年が何を思うか、もうこれで答えが出るわけです。ただ血気にはやって走りまわる、あるいはヘンな理論をひねり出すというのではない。西郷さんは二パーセントか三パーセントの真空状態を、脂汗を流して自分の中につくり上げた。それが幕末における西郷の活動、姿です。

幕末における西郷というのは藩内における一種の君主みたいなもので、だから島津久光は彼を安禄山だと言って憎んだんです。手足になって働いた桐野利秋なんか、西郷のためには命もいらない。そういう雰囲気は西郷嫌いの人にとっては、まるで西郷は私兵を持っていると見えるわけです。

とにかく西郷という人は、ちょっとでも長所のある人は、その長所をかわいがる。無能のやつは無能のやつでかわいい。ただいやなのは、薩摩的でないやつ、いやに合理的な人間といった者はきらいなんです。西郷は大変な薩摩宗の信者ですから、人間に対する美学ははっきりある。それに合ったやつ、たとえば桐野利秋は非常に激烈な人ですけれども、何といっても薩摩の中の薩摩男児みたいなところがあって、どうしようもなく好きだったらしい。ところが自分の弟の西郷従道《つぐみち》、この人は明治後の政治家のあり方から見るといかにも西郷的な感じなのですけれども、西郷さんよりも、政治的浅知恵があったんですね。——ものごとを打算として見る、といっても自分個人の打算より、もう少し高い所で計算のできる人だった。——だから西郷さんは従道をあまり好きでなかったんです。かわいがってはいたが、弟の慎悟（従道）はどうも猜《さい》疑《ぎ》深くていかん、といっている。西郷さんの美学からすると、そういう余分なところがあったんじゃないかと思います。

綱淵　従道でさえ西郷美学からみるとまだ余分な計算があったというと、西郷美学というのは、これはたいしたものですね。

巨大になりすぎた人間

司馬　まあ、その西郷さんが征韓論で敗れて、日本史における最大の敗者になるわけです。ところが、明治初年における西郷の威望、声望というものは新政府よりも大きかったんですね。世間ではかつて反官軍的な勢力まで、「西郷さん、西郷さん」一点張り。庄内藩なんか西郷を神仏のように思っている。そのほか新政府で志を得なかったもの、維新によってひどい目にあった士族とか庄屋階級、大坂の富商、みんな西郷びいきです。西郷さんなら世の中をよくしてくれる、と思いこんでいる。こんなに人間が巨大になってしまったら、始末におえません。

しかし、その西郷さんは新政府に対してちょっと尻を向けている。革命が成立したら、さっさと薩摩に帰っています。それじゃ世の中どうしようもない、西郷さんが出てくれればよくなるんだが、という感じです。要するに革命のあとは、既得権をすべて奪われますから、何でも政府が悪いのだ、ということになる。このクセはいまでもありますけどね。（笑）もちろん政府そのものも太政官の古い体質を継いで、官というものは偉いものだと思っており、反対に民は何でも政府が悪いのだと思う。ところで、いま現在の不幸は、何でも政府が悪いと思うときに、もしあの人が出てくれたら世の中はすっかりよくなるんだが、という人を持っていないことです。それが明治初年は、西郷さんだったわけです。世間像としての西郷さんは、そのくらい巨大になってしまったんですね。

西郷さんは偉い人ですから、先ほど述べたように自分を無能だと規定はしていましたけれども、世の中、人間社会の節理というものがあれだけはっきり目に見えた人は少ないと思うんです。自分の位置をちゃんと知っている。自分が動けば国がゆらぐということは知っていたけれども、何となく遠慮している。

遠慮というのはどういうことかといえば、一度、板垣退助に言ったことがあるんですけれど、自分は時代遅れの人間で、用事がすんだ男だ、だからいちいち新政府のことに口出しはしない、と言ったりしている。明治四年に政府の要人がみんな外遊してしまった、ということがあって、その留守内閣に西郷さんが推されて参議になる。そのとき、同じ参議の中から、西郷の威望を使っていまのうちに薩長勢力を覆《くつがえ》してしまえ、という気分がでてきています。江藤新平なんかそうです。これは当然だと思います。在野の希望は西郷にあるわけで、彼をおだてていまの政府をつぶしてしまえ、という気分があった。そして、たまたま起ってきた征韓論に西郷がくっついていたので、江藤も副島種臣《そえじまたねおみ》も板垣退助もみんな征韓論になったわけです。彼らは根も葉もなき征韓論者と言っていいと思うんです。

しかし西郷の征韓論は非常に複雑で、これを論じたらキリがないんですが、根本はやっぱり対ロシア恐怖心というものではないか。征韓論から見た西郷の世界政略は、理論的に見れば正しいでしょう。けれども、現実に合わなかったんです。つまり、ロシアというものはどうしようもなく侵略してくるものだ。ところが、いま西の方に事件があって一服している。満州、沿海州のあたりは空き家である。ここに先ず兵を入れて、ロシアとの対決に備えるべきである。兵を入れるためには道路が必要ですから、回廊として朝鮮を使うというのが征韓論なんですね。

綱淵　西郷案の現実的可能性というのはあったのですか。

新しい国民は焦土の中から生まれる

司馬　西郷さんがやればやれないことはない、と思ったのは、後年の日露戦争ごろのロシアとちがって、当時シベリア鉄道はなかったから一億前後の人口をもっていても、それを迅速に極東に動かすことはできない。日本の方は日本刀一本ぶちこんだ薩摩隼人や士族の数は当時、老若合わせて五十万といわれていた。五十万のうち壮年が二十万いるとしたら、それだけで何かできるのではないか。これが西郷の理論です。それによって国が経済的にも破綻《はたん》する、あるいはイギリスが干渉して、薩英戦争のように袋叩《ふくろだた》きにあってもいい。新しい国民は焦土の中から成立するんだ、という考え方です。これはたいへんな哲学になってきます。ホー・チ・ミンみたいになってくるんです。

当時の庶民階級というものは、いまの中学教科書で書かれているようなけっこうな存在ではない。人民といったところで、その人民は横浜の商館の裏口あたりで外国人のカスリをもらうためにペコペコしている。江戸期に無害なるものとして教育されてきたものですから、卑屈で、世界観がなくて、国家意識もない。民族がどうなっても知ったことではない、という、とにかく使いものにならない存在が人民だったという一面があります。戦国時代には面白い人民もいたと思うんですけれども、江戸二百七十年ですっかりだめになった。五カ条の御誓文に「万機公論に決すべし」とあり、世の中のいろんな意見を採用せよ、ということになっていたのですが、その中に熊公、八公は入っていなかったと思います。士族だけが担当できる、といって何も士族エリート主義ではなくて、どうしようもない現実だったんです。

西郷さんは全部士族にしたかった、それも薩摩士族にしたかったんです。そのための焦土なのでしょう。そういう思いのタケがずっと積っている人なんです。そういう目で明治政府の姿を見ると、もうどうしようもない。

こういうものをつくるために一所懸命働いたのではない。自分の多くの同志は、そんなものをつくるために死んだわけではない、と思うと、西郷は涙がこぼれてしょうがない。観念が先行してしまったんでしょう。征韓論はそれです。もう少し時期を待ってくれ、というのを、いまでなきゃダメだ、と西郷は下野してしまう。下野したらいっしょについてくる者がかなりあって、薩摩独立国みたいになり、やがて薩摩対新政府の戦いになるわけです。こうあるべきだ、とあまりに強く思い過ぎると、その観念でひっくり返ってしまうということがあるんですね。ついでながら西郷は西南戦争のような形のものをおこすつもりはまったくなかったようですね。政府を武力でたおすぐらいなら、征韓論決裂のときに東京でクーデターをやっているはずですし、西南戦争のときも、本気なら、桐野のような人を謀将にしなかったでしょう。

綱淵　西郷さんのような人でも観念に足をすくわれるのか、といった感じですね。

高ころびにころんだ信長

司馬　信長の勃興期に安国寺恵瓊《あんこくじえけい》という毛利方の坊さんがいたんです。たいへん外交好きで、京都に上っている間に京都情勢、中央情勢を探っては毛利に書き送っていた。その中で、信長というのはたいへんな人間だ、だけどやがて高ころびにころぶだろう、と予言しています。事実、その通りになるんです。信長も観念が先行した、というか、いまの言葉でいうと、近世をひらくのは自分だと思っていますね。

つまり、いまや世界は大航海時代という貿易商業主義の潮が、ひたひたと押し寄せてきている。信長だけがそれに乗っている。堺《さかい》の町人は現実の商人としてその中にひたっているのですけれども、これこそ日本をたてていく道だと思ったのは、信長だと思います。いままでの農本主義というのは、わずか六十余州の米をとるだけではないか。それだけでメシを食っていくのはつまらない。日本の経営は大航海時代の、いまの潮に乗る以外にない、とはっきりわかっていたから、信長は堺をおさえようとしたわけだし、非常にあせり、ムリが重なってくるんですね。港のある大坂に首都を置きたいがために、石山本願寺とベトナム的戦争もしてしまう。片方で、中世の亡霊をことごとく殺してしまえ、と命じています。それは叡山です。ほんとに殺してしまうからすごい。みな殺しというのは政治家というより、思想家としての発想です。

政治家ならば調和があるのですが、思想というものに権力がくっつくと、つまり信長のような軍隊を持った権力者に思想がくっつくとこわい。こんなあいまいなことをいって民を惑《まど》わし、政権をゆるがすような無用の勢力はもはや必要がない。むしろ害である。害ならば殺してしまえ、というわけで、事実三千人あまり殺すでしょう。近江《おうみ》平定ぐらいまでは、信長も政略者としての現実主義の上に立っていると思うんです。ところが、末期の信長になると、彼が若いときから持っていた思想が先に立っていくんですね。権力を握ったのだから、それを実行したい、ということで高ころびにころんだ。強者としてころんでいくわけです。

西郷の場合も、決して弱者ではないんですけれども、自分を観念でつくり上げた、人のなしがたいことをやった人で、日本にも世界にも類型がない。それでもいま言ったように高ころびにころんでしまったんですね。

もう一つ、東洋における革命の英雄というものは、人民が困っている世の中を直して、新しい天下をつくるというものでしょう。つまりホー・チ・ミンとか毛沢東のような、どこか聖人みたいな、おじさんみたいなタイプが一番いいんですね。ナポレオン、ヒトラー、ガリバルジ、スターリンといったタイプよりも、ホー・チ・ミン、毛沢東のタイプの方がいいらしい。中国ではいつの時代でも、そういう民間の願いがあるんです。世を改めるのは聖人である。蔣介石も面白い人だけれども、おじさんとは呼びにくい。聖人のようでもない。毛沢東が出てきたら、蔣介石よりも聖人の方をえらぼう、という考え方ですね。ホー・チ・ミンの尽きざる魅力というものも、東洋人だけにわかるんじゃないでしょうか。それは日本では西郷だけです。

西郷にも少し欲があって、明治政権をとってくれていたらよかったんじゃないかという思いが、いまも残っている。西郷は封建勢力も美学的には愛しながら自由民権運動も許容する。西郷の思想の中に充分許容できると思われる片鱗はいくつもあります。結局、西郷が敗れたので、日本の在野の希望はなくなったという失望感が、明治十年代にずっとあり、いまにいたるまでありますでしょう。

綱淵　ぼくの中にもあります。

日本的〝裏切り〟の特徴

司馬　そういう意味で西郷は無限に面白い。後世に政治的な夢をのこしたという点で、あんな不思議な敗者はちょっとないですね。

綱淵　結局、一つの政治理念というものを強くもつ人間は、政治から次第に排除されていくようですね。たとえば長州藩でも、前原一誠なんて人はついはみだしてしまう。

司馬　そうですね。日本人には農村的現実主義というものがあるだろうと思います。これがいままで日本を保たしてきたものだと思うんですけれども、つまり農村で庄屋さんが言うことだからしようがないとか、最善の考え方ではないけど実際問題として周囲がそうなっているんだからまあいいだろう、という現実主義です。これはやはり、稲作農耕を基盤にしている国の政治意識だと思います。また来年になったら、稲が生えてくるじゃないか、という気楽さにも通じます。これが遊牧民族だとそうはいかない。草がなくなって、突如として滅びるときがあるんです。だからすぐれた天才的な指導者を必要とする。ジンギスカンがそのよき例です。日本では織田信長のタイプだけなんです。ところが、農業的感覚からいったら、そんなきつい人が出てくれちゃたいへん困るんです。黙ってればまた来年、稲が生えてくるという風土に、そんなきつい人はどうも、ということで、どこかで拒んでしまうところがあるでしょう。

わたしは不思議でしようがないのですけれども、日本人の集団というものはいまに至るまで、だいたい時の勢いに順応するのが正義である、と考えていることです。わたしたちにも一応、観念としては政治的対立というものは純粋対立であるべきで、戦争をして殺しあうのもいい、自分の正義なり相手の正義が倒れるまで貫くべきだ、真ん中があってはいけないんだ、ということはあるでしょう。しかし現実はまるでちがう。時の勢いに順応するのが正義である。つまり二流の人の正義はそれなんです。「バスに乗り遅れるな」というのは日独伊同盟のとき、はやった言葉です。あれは世界の大勢はヒトラーにあるということで走ったわけですね。いまは大勢は北京にありで、バスに乗り遅れるな、と走っているわけですね。

これは関ヶ原のときもそうです。大勢は「これからは家康だ」と思うから中間派が裏切るわけです。一流の人間は滅びるか、あるいは時の権力を握ります。家康と石田三成です。ところが、真ん中にいるヤツは大勢はどうなるかと考えている。源平の合戦でも、平家に協力したやつがいなくなっただけです。いないだけでなくて、源氏について船に乗って追っかけてくるんです。あれはおかしいですね。（笑）二流の人間の正義は大勢順応で、しかもその人数が多すぎるんです。

この民族的なクセはずっとあるんです。ドナルド・キーンさん（日本文学研究家）は、日本にはなぜ裏切りが平気であるのでしょうと言われた。このことはキーンさんほどの偉い日本学者でも不思議らしい。西洋のキリスト教国では裏切りというのは非常に恥ずべきこととされている。ところが、日本では裏切りの方がたとえ二流的行動であっても一種、安定への正義である、ということがありますでしょう。次の時代をつくるときにその方が流血が少なくて、安定した社会ができるというので平然と裏切る。これはモラルと関係ないんです。藩とか会社とか大学とかぐらいの大きな集団になると、藩のため会社のため大学のためと裏切っていく。そのために日本は秩序が保たれて、致命的な大乱が起きずにすんだ、ということは言えるんです。

ところが、われわれが世界へ出て行く場合に、いちばん格好がつかないのはこれです。大勢順応という形でいくのは二流の国ですね。ネールにもなれなければヒトラーにもなれないし、ニクソン、毛沢東にもなれない。引きずりまわせないんです。

日本の社会を安定させる力

綱淵　大勢はどうなっているかと、国連の廊下やロビーのあたりを走りまわってばかりいる感じですね。

司馬　そんなことばかりをやってるかぎりは、非常に尊敬される国家としての政治姿勢はついに出てこないでしょう。これはもうどう考えてもダメですね。しかし、わたしはこれでよろしいと思っているんです。むしろこれあるために日本の社会は安定し、これあるために日本人は徹底的な悪者にならずにすみ、ヒトラー的な大悪名も着なかった。第一次大戦で火事場泥棒みたいなことをしやがった、とコソ泥みたいにはいわれましたけれどもね。早稲田大学もいまだにつぶれずにあり、新聞社だって明治以来ずっと続いている。朝日新聞はきのうまで聖戦完遂を書きたてていると思ったら、きょうからは民主主義だと平気で言うことができる。ほとんどの人がそれを不思議に思わなかったでしょう。いまでも思ってないでしょう。それは社会を安定させる作用であって、すばらしくいいことではないけれども、次善なんだという思想がわれわれにあるんですね。これは単一民族だからということもたしかにあります。

それから、先ほど申しあげたように、稲作をもってでき上った国ですから、また来年になれば稲が生えてくるという、ヘンな安堵感のようなものがあります。徹底的な危機感がないから、裏切りというものを何となく一つの働きなんだと思っていますね。だから最後まで踏んばってついに裏切らなかった人には、異常な雰囲気を感じます。日本だってキリシタンが入ってきたときは裏切らなかった。首を斬られても裏切らなかった。キリスト教では、人間は神様の側についているやつと、神様についてないやつと二つしかない。ですからころんだりすれば天国に行く唯一のパスポートを失うことになりますから、天国に行きたい人は裏切らないわけです。ところが、そういう裏切らずに殺された人に、壮烈だったとか美しかったとかいう日本人は少ないですね。あれはみんな救いがあるからです。あれはあれで天国に行ってるんだろう、やつらはそれで帳尻《ちょうじり》が合ってるんだろう、と思う程度です。ところが、天国にも行けないのに、裏切らずに死んだ人および集団に対しては、シーンとなる思いがしますね。

またもとにかえりますけど、西郷さんの場合も征韓論はやっぱりきつすぎますね。ゼニのない政府がやるには大変なことです。士族の補償金などでずいぶん金がかかっていて、それは全部イギリスの銀行から借りているんです。その返済というのは、明治政府の予算をオーバーするほどの大きな金です。それが返済できなくなったら、イギリスは必ず取り立てに来て、もし金がなければ、では九州のどこそこを寄こせ、ということに当然なります。それが世界のルールなんですね。そういうルールがあることを知ったのは、外遊組のわけです。

とにかく甘いものじゃないとわかったから、まあ西郷さん、征韓論なんてきついことをいわないで、現実主義的にいこうというわけなんでしょう。西郷の問題はそのディテールからみても、いろいろ考えさせられるものがあります。敗れたりとはいえ、論議して尽きないものがありますね。

黒田清隆の北方感覚

綱淵　ぼくは樺太の方から考えてみますと、明治八年に樺太千島交換条約というものがとりかわされた。この前後、それまで樺太を一所懸命守ろうとしていた人たちが、たとえば岡本監輔とか丸山作楽《さくら》といった人たちが、政府があまりにも冷たいんで、征韓論の方にパッと吸収されてしまう。どうも西南諸藩、黒田清隆に代表されている人たちは、北に対する恐怖感はあるけれども、それほど関心はもたない。だから簡単に千島と樺太とを交換してしまって、ロシアに何かくれてしまえば、しばらくはおとなしくしてくれるだろうとあっさり考えていたのではないか、という気がするんです。

司馬　黒田清隆の場合はその通りです。この人は明治十年前後までは、非常にすぐれた政治家だと思います。たとえばクラークを呼んで札幌農学校をつくったのもこの人ですし、津田梅子らを外遊させたのも、開拓使としての予算であったわけですし、いろいろな面ですぐれた人だったようでした。

もっとも総理大臣になってからは、酒乱で女房を殺したり、実に怪しげなところがでてきてダメなんですけれども、しらふのときは謙虚で穏やかな、心くばりのこまやかな人だったようです。

この人はおっしゃるように薩摩という西南の出身ですから、北方感覚は乏しかったかもしれない。それでも北海道ぐらいは何とかしなくちゃいけないんだ、と北海道に政府予算ぐらいの金を注《つ》ぎこんでいるんです。欧米の酪農で北方型の経営法をとり入れて何とかしよう、と彼はやっきになっている。彼の職業は樺太もふくめての開拓使なんですね。

ところが、樺太を捨てるんですね。なぜかというと、ロシア人がどんどんやって来て、ここはオレのものだと日本農民を殴ったり、追っ払ったりして紛争が絶えないんです。

綱淵　黒田清隆も樺太に行ってますね。

司馬　行ってるんです。幕末世論として北方経営はかなりやかましかった。坂本竜馬なんかたえず考えていて、自分の子分のような小松某を北海道探検にやらせています。ただ樺太まではなかなか視野が及ばない。しかし薩摩人だから北方を軽視したということはなくて、むしろ暖国の人間だから憧《あこが》れたフシがある。西郷さんは征韓論の前、明治政府になって自分の仕事がなくなったとき、思いついたのはコサックの隊長になることだったんです。コサックという言葉をちゃんと知っています。ロシアでは屯田《とんでん》兵《へい》のことはコサックといって、新しく土地を開いていくことで、同時に防衛にもなっている。日本もそれをしようというので、薩摩の人間をどんどん送っています。

黒田もそれを応援するんですけれども、樺太までは及んでいない。防いでも防いでも泥棒が入ってくる。家には十万円金があるから、五万円やってしまえ、そうすればしばらくこないだろうというような思想で、樺太をやってしまったんですね。

西郷さんは征韓論の前に、黒田に樺太はまさか捨てまいな、といっている。黒田はそれを捨てるようなことになったら、わたしは腹を切ります、と誓ったくせに捨ててしまう。それを西郷は非常に悔んでいます。征韓論に敗れて薩摩に帰ってから、西郷は東京から来た人に黒田はまだ腹を切っていないか、と聞いています。（笑）こういうことにいまでも日本人は鈍感ですけれども、樺太を捨てたということはやっぱり深刻ですね。明治政権に樺太を捨てざるを得ないひ弱さがあった、という意味での深刻さですね。

西郷さんなら泣いてくれる

綱淵　不思議に思うのは、帝政ロシアがソ連という形に国家体制はかわったのに、樺太などに対する領土的欲望の発現形式は全然変っていないようですね。

司馬　変ってないです。それはロシアの本能でしょう。帝政から社会主義に変ったんなら、侵略、領土的膨張もないだろう、無用の帝国主義的膨張はないだろうと考えるのは浅はかで、ロシア人は本能で動いてるんですね。ただただ土地がほしくてしようがない。ポーランドの現実的なことわざに「ロシア人はいっぺん来たら帰らない」(笑)あれだけの大ロシアが、たかが樺太、歯舞《ハボマイ》、色丹《シコタン》に固執するはずがないと思うんですけれども、彼らは大地というものを宝石のように思うんですね。ですから、そういう本能をもつロシアというものに対する恐怖心は幕末の争乱以前から世論喚起が行なわれています。

西郷さんはだいたい耳学問で、世界情勢に実に通じていたようですが、こわいのは英仏ではなくてロシアだ。これは本能でやってくるから、何とかくい止めなきゃいけない、と考えていたようですね。

綱淵　現在の旧樺太島民で、おそらく樺太が日本に戻ってくると思っている人は誰もいない。国際的な力関係、ソ連の本能というものを、みんな感じているわけです。ではぼくたち故郷を失った者のたった一つの訴えは何かというと、樺太は正統的には日本の領土であったけれども、いまは国際的力関係で仕方がないんだ、と日本政府がはっきり言ってくれ、そうでないと、祖父とか親父たち、あるいは本人じしんが樺太で苦労したのは単なる帝国主義的侵略の尖兵をつとめたにすぎないことになり、これじゃあみんなが浮かばれない、ということなんです。

司馬　少なくとも樺太は日本固有の領土でなかったというのは言い過ぎであって、実際は日本が弱かったために、国内世論を押えるために、政府が言いつづけてきたことですね。

綱淵　ですから、日本政府が、お互いここで泣こうや、と言ってくれれば……。おそらく西郷隆盛だったら言ってくれたんじゃないか、と思うのです。

司馬　なるほど、そういわれてみると、西郷は敗者の代表だなあ。

日本人の世界構想

山崎正和

山崎　日本が外国の文化によって最初にショックをうけたのは、やはり仏教が伝来したころのことでしょうか。

司馬　もともと仏教が理論としてうけいれられたかどうかですね。当時の人々にしてみれば、仏というのは何やらめくるむような存在で、いままでの神よりよほど利き目のある新しい神らしい。それにダラニという天地を動かす呪文も付いている。それまで山や谷間に棲みついている土着の神々はあまり利き目としての効果がすくなくなっていましたし、いまの日本人がつぎつぎに新薬を好んでのんでゆくように、利き目としての外来神だったのではないでしょうか。また、もう少し教養のある階層にしても、仏教の教理そのものよりも、仏像や伽藍《がらん》がもっている芸術性に大変ショックをうけている。仏教が理論体系としてよりも、美的なショックとして日本人に受容されたというところがありますね。

山崎　仏教が入ってくるまで、日本の神様には姿形《すがたかたち》がなかったでしょう。

司馬　山なら山、岩なら岩を神体としている……。

山崎　神像というのは、後になって、仏像に模して造られたわけですね。そういうところへ金属でつくった「煌々《きらきら》しき」仏像が入ってきた。当時の人々にすれば、これはたいへんな驚きだったに違いない。

司馬　最澄《さいちょう》は渡来人の家系ですが、その家系伝説に、先祖のだれかが、田の泥をとって比丘《びく》（僧）の像をつくった。近在のひとびとは大いに畏怖した、といいます。たしかに畏怖したと思います。大体ある時代までの倭人は人間の形をせいぜい埴輪《はにわ》程度のものしか作れなかった。とても仏像のように、目《ま》のあたりに動くがごとくそれが現出するといったような技術はなかったのですから。

山崎　しかも最初に入ってきたのが、北魏《ほくぎ》式の仏像ですね。飛鳥《あすか》大仏に見られるように非常に端正でいかめしい。仏像の背後にある大国文化の象徴として相当の威圧感を人々はうけたと思いますよ。

司馬　そうでしょうね。

山崎　その仏像をうけいれるかどうかについて、賛成派の蘇我氏と反対派の物部《もののべ》氏の間に争いが始まるんですが、これを少し考えてみたいんです。話がいきなり結論めきますが、日本の政治の力関係の中で、正統というものがありますでしょう。それに対して異端ができますね。その異端の方が大陸から新しい文化を入れてくることによって、正統と拮抗《きっこう》しようとしてきた。――日本と大陸との関係はその繰り返しだったのではないかという気がするんです。物部氏というのは、古代日本で軍事および祭祀《さいし》を担当していた大実力者でしょう。その物部氏に対抗するために蘇我氏がやったのが、大陸と結んで外国文化を輸入するということですからね。これはのちのちまで、近代以前の日本人が国際政治を内政のために使う原型になっているのではないでしょうか。たとえば、物部氏に勝った蘇我氏が、朝鮮経由の大陸文化伝来のコースを独占する、そうすると、こんどは皇室が押されぎみになるわけです。そこで聖徳太子はどうしたかというと、中国本土と直接連絡をとる。つまり、「日出づる処の天子、書を日没する処の天子に致す」という形で、朝鮮経由ではなく、直接に大陸文化と接触しようとする。蘇我氏を頭越しにすることによって、力関係を拮抗させようとはかったわけです。

司馬　なるほど面白いなあ。

国際関係は不必要だった

山崎　なぜそんな気がするのかというと、自給自足の日本にとって国際関係が本当に必要だったとは思えないからなんです。

司馬　農村漁村という産業地理的にいえば、明治までの日本は一種の完全国土でしたからね。ここでメシをくらい、ここだけで生活していけるから、外国人の顔を見なくてもすむ。

山崎　それから、海にかこまれているおかげで、軍事的にも直接侵略されるということは元寇以外にありませんでしたね。白村江《はくすきのえ》の戦いのとき、むこうの反撃を予想して、国内が多少緊張したことがあったようですけれども、実際には侵略も何もなかった。とすると、国際関係に注意して、その中で自分の立場をよくしていこうとする必要は日本人にはもともとないんです。だから遣唐使にしても、なぜやめたのかという議論をよくするけれども、その必要があればともかく、なければやめるほうが自然じゃないんでしょうか。ほうっておくと日本という国は国際関係を保つ努力をやめてしまう国なんです。

司馬　よそとは違って、自国だけで一つの完結した小宇宙をつくってゆけますからね。

山崎　だから、中国にたいへん興味をもつのは、観念的な趣味人か、それとも、大陸との交流によって国内の政治のバランスを変えようとするグループがいるときかどちらかです。これも、本当に力が弱くて、向こうと結ばないとどうしようもないという場合もありますけれど、逆に力はあっても権威がない階層が外来文化の権威に頼ろうとする場合もあるわけです。たとえば初期の武家がそうですね。鎌倉から室町にかけてはやった、いわゆる唐物趣味というのは皇室系統の人たちにはあまりみられないことです。公家たちがもっと唐物趣味にかぶれてもよさそうなのに、ほとんどそれがない。もっぱら武家たちが中心ですね。唐物は鎌倉幕府にもかなり入っているし、室町になると爆発的に盛んになるんです。それから禅宗も入ってきています。が、これも、最初に仏教が伝来したときと同じく、かなり非宗教的な、一種の文化的な主張ですね。おそらく鎌倉武士のほんとうの信仰は、時宗とか浄土宗のような、はっきりしない漠然としたものだったと思うんですよ。

司馬　熊谷入道が法然上人に帰依《きえ》したようなものがほんとうの信心であって、禅宗の場合は、かなり美的なものでしょうね、とくに室町時代になると。

山崎　教養的なものですね。さらに、それにくっついてお茶が入ってくる。五山文学が入ってくる、いろいろな書画骨董が入ってきますね。これは、京都に武家が幕府を開いた、つまり室町幕府ができたことが、重要な動機だったと思うんです。というのは、京都には王朝文化が連綿としてあって、一条兼良《かねら》なんかが古今《こきん》伝授をやっているという雰囲気ですね。そうすると武士はいくら力があってもこの権威には勝てない。それに対抗して、自分たちのステータス・シンボルというか、文化的足場や主体性をつくる必要があった。そのために大陸からたくさんの唐物を取り入れたのだという気がするんです。

蒸溜作用と書画骨董

司馬　公家がもっている古今的な王朝文化ということになると、野や山から出てきて、そこをあくまで基盤としている武家は手も足もでませんからね、それに対抗するには貿易をやって唐物を入れるしかないというわけですな。

ところで、室町時代などで、中国に対する貿易というのは、公貿易もありますが、九州あたりの連中の私貿易がさかんですね。いわゆる倭寇です。倭寇というと、いつも喧嘩、略奪ばかりしていたみたいだけど、ふつうは平和に貿易している。それが面白いのは、倭寇が中国の沿岸へいって要求するのは、牧谿《もっけい》の絵を売ってくれとか、だれそれの書を売ってもらいたいとか、そんな物品が多いんです。金銀をくれ、そんなことはいわない。書画をほしがるようなこんな海賊、もしくは貿易商は世界になかったと思いますね。もっとも中国の商人もかしこくて、牧谿がそんなにあるわけではないから、贋物《にせもの》をつくる。こちらはそんなことわからないから、大いに喜んで刀とか干しなまこなどと交換する。むこうも儲かるし、こっちも喜ぶ。そういう私貿易家がもち帰った真贋《しんがん》とりまぜの書画が室町文化の基礎をつくっているわけです。もう一つおもしろいのは、こうして入ってきたものは、いわば面としてやってきたものではなく、点として来たものですね。点は肉質に対して刺激物でしかない。点を核のようにして自分で分泌物を出して面としての文化をつくらねばならない。それは蒸溜するといってもよく、要するに、もとのものとは非常にちがった文化をつくるわけですね。ちっぽけな例でいいますと、お茶が入ってくる。輸出した中国では何十年たっても茶は茶でしかないが、日本はお茶のもっている気分とか、美学のほうに関心がいく。さらに小さな例をいいますと、中国では日常の口語で、「お茶を飲んでいけ、喫茶去《チーチャチュイ》」という。この「喫茶去」という口語が、室町文化の中に入ってくると、禅庵の掛軸なんかになってしまう。「喫茶シテ去レ」と、なんだかひどく哲学的なものになって。（笑）そういう蒸溜作用というか、点を別な面にしてしまうというか、どうもそうですね。

山崎　だいたい日本の漢字自体が奇妙なもので、漢文の読み下しというたいへんな技術を発明している。おそらく、奈良時代の学者や、中国留学をやった坊さんは別として、大部分の漢学者は、相当な人でも中国語の発音はできなかったろうと思うんですよ。みな返り点をつけ、日本流に読み下すわけですね。だから日本に唐物趣味や日本流の漢学は育ちましたけれども、厳密な意味での外国文学研究、あるいは外国文化研究というものは一度も定着しなかった。

司馬　なるほど。

山崎　室町時代ですとさかんに銅銭を入れて金を出すとか、綿布や絹を相当輸入しているんですが、比重からいって輸入品に文化財が多いのは驚くべきことですね。朝鮮に行って『大蔵経』を買い求めて来たりする。

司馬　清盛のころからそうでしょう。

山崎　清盛は『太平御覧《ぎょらん》』ですか、百科全書を買ってくる。

司馬　買ったところでメシのタネにもならないようなもののほうをかえって喜んでいる。けっして胡椒《こしょう》のたぐいをとりに行ったりはしないですなあ。

山崎　そして、地方にいたるまでそういうものを尊敬する雰囲気が直ちにできるでしょう。たとえば、戦功あった武将には領土もやるけれども、書画骨董もくれてやる。もらった方はもらった方で、それをありがたがっているんですね。

司馬　戦国末期にきた宣教師が、日本人はどうしてあんな泥でつくった茶碗などをありがたがるのだろうか、ひょっとすると、あれを珍重するのはわれわれにおける宝石のようなものかもしれない、と解釈している。少し話がそれますが、日本には宝石を尊ぶという伝統がまったくないですね。

山崎　ありませんですね。

剝落の美を尊ぶ日本人

司馬　インドは大きな宝石の産地があるし、中国には玉《ぎょく》の伝統がありますでしょう。

仏像の白毫に嵌めこまれたりして宝石らしいものが、日本にも入ってきてはいるんですが、ほとんど関心がもたれたことはない。白毫がとれても平気でいますしね。あるいは中国の書物で玉に関することをふんだんに読んで知識としては知っているくせに、その玉を自分もほしいと思う傾向はまったくない。

宝石というのは、子どもでもわかるような美しさをもっていて、それを愛玩するのに哲学は要らないんですが、そういうものになると日本人は奇妙なほど無関心だったようですね。

山崎　これは不思議ですね。

司馬　現在でも、専門家にきくと、日本のばあい宝石の鑑定はよほどの鑑定人でもずいぶんムラがあるそうですね。インドでは子どもでもダイヤのよしあしがわかるといいます。伝統のあるなしでは、そんなに違うものらしい。日本人はいくら一所懸命に修業しても宝石に対してふるえるほどの美を感じた民族的伝統がないために、世界的水準の鑑定眼をもてないのかもしれない。

これと話を結びつけるのは大胆すぎるかもしれませんが、日頃疑問に思っていることがあるんです。それは、中国や中国文化の影響下にあった国へ行きますと、よく寺院や道教の観、あるいはなんとか廟といったものがありますね。そういうお寺の装飾性のどぎつさにびっくりさせられてしまうんです。よくもこんな下手な仏像や神像をつくり、建物に青や朱をぬりたくって、と思ってしまう。とくに道教の影響のあるところはすごいですね。あれを見ると、自分もアジア人のくせに、そして日本にも温泉マークの建物などがあるくせに、なるほどこれがアジアかと腰をぬかしそうな思いになる。(笑)

日本の場合はむろん、はじめに入ってくるのは「青丹《あおに》よし」のお寺で金ピカの仏像なんですね。ところがそれが剥落《はくらく》していっても、そのままにしておくでしょう。法隆寺だって薬師寺だって唐招提寺だって、実に清々《すがすが》しくなって、とても絵具ではあらわせないようないい色になっている。剥落の美しさ、これこそが美なんだということを、誰いうともなしに古いころから知っていて、ついには桂離宮のように最初からああいう感じで作るようになる。朝鮮でも中国でもそうですが、お寺の建物の塗りが剥落してくると、必ず青丹をまた塗り替える。そういう一種の具象性がなければ寺から仏国土を連想することができないのかもしれない。先日ベトナムへいってきたんですが、反政府運動で有名になったアンクアン寺という南ベトナムの仏教徒にとって大切な寺を訪ねて驚いたな、ここの仏像の光背はネオンサインなんです。(笑)お釈迦さまの像にしてもふつうの彫刻でなく、肉色で、生けるが如きマネキン人形なんです。表徴性が通用せずに、そういうナマな具象性で宗教的感動がおこるというのは、やはり日本人にはわかりにくい。

金銀珊瑚は海外文化

山崎　それをうかがっていて思いついたのですが、宝石のみならず、金銀に対する感受性も日本人には欠けていますね。金は貴重なものであるということは一応知っているはずなんですが、実際にそれを使うのは、金蒔絵《きんまきえ》をほどこすとか、錦の衣装に織りこむといった形だけですね。あとは義満が建物に金を塗ったことがあるだけでしょう。銀にしたところで、近世になればかなり銀細工が広がるとはいうものの、中世以前には、中近東や西洋のように銀細工をした食器を使うという伝統は日本になかったですね。そして金銀を貨幣にする知恵も近世までありませんでしょう。だから室町時代には、平気で金を輸出して、かわりに銅銭を買っているわけです。こんなべらぼうな損な話はないと思うんですがね。（笑）

こうしてみると、よく宝の山をいうのに「金銀珊瑚綾錦《さんごあやにしき》」という言葉を使うけれども、これらはすべて日本人の日常生活にないものばかりですね。珊瑚は海中の竜宮城のイメージだし、綾錦は外からきたものでしょう。とすると、どうも「金銀珊瑚綾錦」という言葉は外国文化を表わしている代名詞であって、貴重なものとして一応尊敬はするけれども、肌身にはピッタリ合わないという感じですね。燻《いぶ》したり、渋くしたりしてこれらを少しは使うけれども、けっしてその中にひたり込んでしまわないというのが日本文化の一つの特色ではないかという気がします。

ところが、宝石とか、金銀の文化というのは、実際のところ全世界を支配しているものでしょう。たとえば、ベニスのサンマルコ大寺院へいくと、畳一枚くらいの大きな銀の板に、大小さまざまの一つ何億するかわからないような宝石が埋めこまれている額があって、祭壇に飾ってある。それをみんな手をあわせて拝むんです。こういうものが世界文明だろうと思うんだなあ。中国にもそれはありますね。いま司馬さんがおっしゃったのを伺うと東南アジアもそうだ。とすると、日本だけが例外で、これは日本の非世界性というものの象徴のような気がするんです。(笑)

司馬　そうかもしれないなあ。黄金ということでいえば、だいたい日本で金貨ができるのは、戦国時代の駿河《するが》今川氏においてだといわれていますね。そのあと秀吉が大々的につくる。秀吉は金を通貨にしようという、日本としては型破りのことを考えた。ところが秀吉だけでなく大名たちがその金の貨幣でもって何をするかというと結局茶碗を買うんですからね。(笑)いまでも、金や銀のメッキをした物をありがたがると、柄が悪いとか、あの人は無教養だからと非難される。こういう伝統というのは非常に古いものだと思いますね。

山崎　日本にもときどき、金銀珊瑚の時代というか、一見して人を驚かすようなものをつくる異例なときがあるんですが、それはいずれも国際化の時期にあたっていますね。たとえば、奈良の大仏がつくられたのは、国際的に国威を宣揚しなければならないときだった。それで金ピカに塗った大仏さまをつくったわけですね。
　金閣をつくった義満という人は、これはたいへんな国際人でしたし、銀閣をつくろうと義政が考えたのも彼なりの、唐物趣味での国際性だったと思うんですよ。ただそれにしても、金閣寺の金の使い方などを見ると、やはり日本的なところがありますね。というのは、赤や青の原色と組みあわせると金というのは、非常に豪華に見えますけれど、金だけを塗ると案外渋く沈んでしまうんです。だから、ここでも日本化の手は伸びているということですね。それから、金の茶室をつくった秀吉は日本的教養の非常に欠如した、白痴のような天才ですから、（笑）面白いものはなんでもやってやろうということだったのでしょう。
司馬　上代でも、蘇我氏というのは、渡来人の末裔《まつえい》じゃないかといわれているんですが、彼らを思うとき、やっぱり金色燦然としたイメージがある。おっしゃるように、たしかに金銀趣味は日本人にとっては多分に海外のイメージですね。
山崎　「煌々《きらきら》しき」仏像が入ってきたというとき、人々は立派だと思う反面、どことなく異様なものだという感覚があったと思うんです。白木の白さや土の色といった、古来のものに対して、なにかキラキラしい色彩が違和感を起させたのではないでしょうか。あこがれと、違和感と、そういうアンビバレントな感情を抱いて、いつも日本人は外国文化をうけいれてきているんですね。

朝鮮と日本

司馬　それからもう一つ問題になるのは大化ノ改新だと思います。なんといっても、それまでの日本は部族国家というか、氏族国家だった。それが隋、唐帝国が出現したためにその防衛上、もしくは体面上、とにかく国家の形をとらなければならないという政治運動が起って大化ノ改新になる。ところで国家の形をとるには、アジアに二つの形があったわけです。カーストによって身分が一生きっちりきまるインド式と、儒教を国家原理とし、人材を試験によって登用する中国式がそうですね。カンボジア、ラオスはインド式で、ベトナムは中国式といえると思います。ちょうどベトナムが国家の形をとる時期に、日本も中国式を借りた国家の形をひどく拙速にとっている。

山崎　朝鮮はどちらに入りますか。

司馬　中国式ですね。ミニ中国ですよ。朝鮮の場合は最初、新羅《しらぎ》、百済《くだら》、高句麗《こうくり》という三国がそれぞれうっすらと中国式を採用していたものの、多分に部族国家のような匂いを残しておったんです。ところが隋、唐帝国という巨大な帝国ができあがったときに、最初に中国と接近した新羅が唐の支援のもとに朝鮮半島を統一して、完全な中国式国家になるわけです。以後、高麗《こうらい》、李王朝と中国式王朝が続いて、李王朝などはある意味では中国以上に模範的な中国体制をとる。新羅が朝鮮を統一するのは白村江の戦いの前後ですが、このときもわりあい徹底していて、人びとの名前を中国式に変えてしまうんです。それまでたとえば阿直岐《あちき》とか王仁《わに》とかいった名前だったのが、急に李善明といったような名前になる。もともと朝鮮民族は言語も風俗も人名のつけ方も漢民族とはまったくちがっていたのが、新羅統一前後から、漢民族の名前を名乗りはじめたのは外交上の理由が大きいと思います。それほど地理的に中国からの重圧を感ずることが大きく、その重圧感をすこしでも軽くするためにそうしたのだろうと思います。ともかくもそうすることによって、大陸国家から受ける害を防ごうとしたことと、官吏が長安などへ使いしても、漢民族と同じ名前をつけていくと、物事がスムーズにゆくということがあったのかもしれない。

ところが、同じく中国式国家の形を採用しても、日本では、中国とは海をへだてているために、大陸国家からうける重圧感というのは朝鮮ほど重苦しくはないから、長安へいく使者たちも姓名まで中国式に変えなくてもよかった。もちろん若干の影響はありますよ。たとえば山崎さんの正和などそうだな。はじめは変な高橋虫麻呂とか蘇我入鹿とか倭名がついてたのが、急に恒貞とか、為憲とかいう立派な名前になるでしょう。これは藤原氏が早いように思います。はじめのころは不比等《ふひと》とか武智麻呂、宇《うま》合《かい》、多比能《たひの》とかいうように倭名が多いが、そのあとは豊成《とよなり》、良因、長道、保則といったような音読すれば漢名として通用するような名前になる。貴族のばあい、遣唐使としてむこうへ行ったとき、〝通り〟がいいぞと誰かが教えて流行《はや》らせたんじゃないかと思います。

山崎　なるほど。じゃわたしは山正和《サンセイワ》だな。（笑）

司馬　やがて武家がまねて、義家、為朝、頼朝といったようなイミナが出来る。しかし通称はあくまでも太郎とか小太郎とか九郎とかですけれどもね。

朝鮮のように多分に政府の思惑でやったようなものでなくて、日本のばあいははや、りだったのでしょう。それだけ、朝鮮にくらべて外圧が薄かったのだろうと思います。しかしああいう名前というのは江戸期なんかでも日常的には使いません。日常的に定着するのは明治になってからではないでしょうか。明治の大官たちが、自分の名乗りを通称をやめてイミナのほうを公称するようになる。この間まで桂小五郎だったのが木戸孝允、大久保一蔵だったのが利通、西郷吉之助が隆盛になってしまう。西郷のばあいでも、実際に隆盛という名は生涯使わなかったようですね。吉之助で通していた。もともと隆盛というのは父親の名だったようです。それを、吉井勇の祖父にあたる吉井友実という西郷の友人が、西郷の代理で届け出て、うっかり父親の名にしてしまった。親友でさえ名を知らなかったという程度のものが隆盛とか利通といったほうの名前ですね。明治のときに江藤新平なんかは〝自分は通称のままにする〟といって押しとおした。ひとが、そんな足軽みたいな名前じゃまずいじゃないかというと、そんなに気に入らないならニイヒラとでも読んでくれといったりしている。

山崎　武士の名前でも、幼名と長じてからの名前と、二重につけますね。頼朝の息子は一幡《いちまん》、千幡ですか。それが頼家とか実朝という立派な名前をあとでつける。鎮西八郎為朝なんて、要するに鎮西の八郎だったんですね。為朝というのを外国風に威勢よくくっつけた。

司馬　為朝自身が、おれはたしか為朝だったなあ。（笑）まあ為朝の時代ならそんなこともないですが、幕末になると、坂本直柔《なおなり》などというと誰のことかわからない。坂本竜馬のことだけれども。

山崎　そういう名前のつけ方にかぎらず、のちに宋学を輸入したときでも、朝鮮は中国の隣りにあるだけに、その適用は本物よりもっと厳しくなるでしょう。日本までくると遠すぎるので要点が柔かく崩れてしまう。

司馬　朝鮮と日本を比較すると気づくところが多いですね。漢文の読み方でも、朝鮮はずっと音読して、シナ音で読んできている。だから朝鮮の民族言語による文化というものがなかなか発達しなくて、日本の室町にあたるころに、やっと『春香伝』がでてくる。しかし漢文は日本人などよりはるかにうまかったようですね。江戸初期に、朝鮮からくる通信使というのは相当な学者をよこすんですが、日本の林羅山あたりでは、足もとにもおよばない。日本のばあいは漢文が下手で苦手だったおかげで日本語による文章表現が早く成立した。これも中国という文明の光源とのあいだに海の障碍《しょうがい》があったおかげかもしれません。

大航海時代の潮流にのる

山崎 ほんとうに、日本というのは奇妙な国で、文化的にも自己完結しているのが原型で、それがときどき内政の必要から外へ開くんですね。ただ、秀吉という男は朝鮮を攻め、その後しばらくの間はルソン島の攻略計画を立てたり、台湾まで明朝を復興しようとしていた鄭成功《ていせいこう》を応援にいこうという主張が現われたり、とかくこの図式からはみだす現象があるんですが、あれは秀吉のパーソナリティが作ったものですか、それとももっと広い時代のせいでしょうか。

司馬 秀吉の海外伸長という自己肥大の病気を育てたのは時代でしょうから、やはり時代だったのかもしれませんね。要するに南蛮人が万里の波濤を乗りこえてやってきて、世界に大航海時代がはじまっているという匂いを天文年間から機敏に嗅ぎつけるようになってきている。その情報が全国に広まるのは、鉄砲という便利なものを介在していたために非常に早かったわけです。近畿地方から西国《さいごく》にかけての大名の子で、そう頭のいいのはみなカトリックになるという雰囲気が天正年間にできていますね。そうすると、もう古今集的教養もいらなければ、孔孟の学もしらなくていいということになる。信長のように、ほんのわずかしか室町的教養をもってない人間のほうが、かえって世界史的潮流を若いうちからかぎつけたりする。信長、秀吉というのは、大航海時代の潮流にのったわけです。そうしたら、ルソン島が目に入ってきた。そこには日本の国内政権と無関係にここを脱出して出かけていっているのが沢山いて、南洋の日本人町をつくったりしている。

彼らは非常に勢力があったらしい。たいていは侍名乗りをしていて、どのようにしてもっていったのか甲冑なんか持ち、槍や日本製の鉄砲をもっている。それでオランダ人と対決したり、仲よくなったり、イスパニア勢力と相対峙《あいたいじ》したりしているんでしょう。当時の宣教師の報告などには、日本人はモラルが高く、カッコよさが好きで、そして勇敢である、ただ西洋人にとって害になる、という意味のことが書かれてある。彼らは日常、貿易もしているわけで、何も切り取り強盗をしにいっているのではない。それはいわゆる華僑というものが大量に東南アジアに出現する以前ですから、彼らの商権がそのまま続けば、われわれ日本人が華僑になるところだった。（笑）

山崎　和僑ですね。（笑）

司馬　南洋の日本人町というのは、為政者が政策的にやったわけではなく、自然に溢れ出ていったわけですね。山田長政なんか、もとは駿河の駕籠かきだったそうですね。

どこかの殿様の駕籠かきだったのが、こんなことをしているのはバカバカしいといって駕籠をほうり出して海外へ出てしまう。秀吉の病的な自己肥大というのはそういう時代のせいもあるでしょう。

山崎　あのとき、日本に世界地図のようなものはとにかく入っていますわね。だから、かなりの知識は、駿河の駕籠かきの層にまで広がっていたと考えていいんでしょうか。

司馬　広がっていたのでしょうね。

海外へ溢れ出る時代

山崎　そうすると、どうもその次の鎖国というものがわからなくなってくる。だいたいにおいて日本は鎖国するのが原則で、外へ溢れ出るほうは例外であると、わたしは思っていたんですけども。

司馬　溢れ出るほうが、この場合だけは当然な、特異な時代だったのでしょうか。というのは、室町時代から戦国期にかけて、日本国内の農業生産力というものは実に上っている。さかんに荒地を開墾し、低湿地を水田にし、尾張地方などはさかんに干拓をやっている。律令時代のように生産性の低い時代で、貴族だけが太平楽をのべている時代なら、庶民のエネルギーはありませんけれども。それがまれに見るほどエネルギーをもった時代が、室町の中期から戦国の末期にかけてくるわけでしょう。おまけに乱世だから上からのしめつけは弱い。この猛烈なエネルギーの発散が、たまたまやってきた大航海時代に合致してしまったということがいえないでしょうか。ともかく、この膨張は侵略というものじゃなくて、どこか地の果てに行ってみよう、ただいってみようという勢いのようなものがある。九州あたりでは〝五島へ五島へ草木もなびく〟といわれたものらしい。五島は倭寇貿易の基地で、うまい利益がある。それを求めて五島へゆけば、そのまま東シナ海を乗りきってしまう。そういう貿易のおもしろさを教えてくれたのは中国人だったようですけれどもね。ともかく商売だな。

山崎　そうですね。西洋のほうは、もちろん商業が基軸になっていますけれども、その上にキリスト教の宣教という使命感とイデオロギーが乗っておりますね。日本から溢れ出たほうは、何を布教しようということはないわけですね。

司馬　そういう感じは、たとえば堺の商人が茶室に人をよぶのに、コーチン・チャイナの香合《こうごう》を出し、牧谿の絵を掛けるといったことにあらわれていますね。彼らはそれによって、潮の匂いをかいでいるんです。あの小さな四畳半の中で海外をかげるということ、それが当時のモダニズムだったと思います。

海外派と国内派

山崎　どうも室町から戦国にかけての日本の国際化というものには、二つの相争う傾向があったような気がするんです。一つは、いまおっしゃったように、潮の匂いをかいで世界に対して門を開こうとする傾向。もう一つは、それをどこかで日本的なものに消化して、日本的な簡潔性の中におさめてしまおうとする衝動。この二つは非常に早くからあって、その象徴的な人物に佐々木道誉《どうよ》という侍がいるんです。彼は若いときはバサラと称して、中国の文書に出てきそうな花見の大宴会をやったり、二かかえもあるような大きな真鍮《しんちゅう》の花生けを、地面から生えている桜の根本に並べて桜そのものを生け花にしたような趣向を見せるとか、ともかく日本的感覚とはちょっと違うようなことをやっている。

ところが晩年になってくると、お茶の礼式をつくったりして日本化していくわけですね。二つの力が一人の内で競っている。

その対立が非常にはっきり出たのは、晩年の秀吉と利休だったような気がするんです。秀吉は世界に国を開くほうの代表で、なにがなんでも海外へ行って唐物をとってくる。ところが利休は自分で茶器をつくり、「新名物」という名をつけて高く売っています。いうなれば国産化ですね。それを秀吉が罪状の一つにあげて彼を罰している。利休の罪状はいろいろあがっているけれども、どうもこれが本質だったのじゃないかと思うんです。というのは、外国へ出ていこうとする秀吉の努力をまるで無にするようなことを利休がやっているわけですからね。日本の内的価値に立つ利休と、国際的な価値に立つ秀吉とでは、当然対立すると思うんです。そういう二つの傾向がしょっちゅう働いている中で、その振れがどっちにころぶかという勝負があって、結局、家康は閉じるほうに振ったんですね。

司馬　家康という人は、海外への関心がまったくなかったわけではないけれども、性質として、そういう形の政治をやる人ですね。それに当時は、無用の朝鮮出兵をもって、もうへとへとだったし、海外はもうごめんだという気分があったんでしょう。

山崎　あれは相当こたえたようですね。

司馬　こたえたようですね。あのときの道案内兼司令官だった小西家というのは、秀吉が飼い育てたのですが、もともとは朝鮮から漢薬を入れて儲けていた家なんです。小西行長《ゆきなが》はクリスチャンである上に、朝鮮語ができた。それほど海外通だったのが、突然秀吉に、行長、お前が先導になって朝鮮を討てと命ぜられるわけでしょう。小西が戦争に強いか弱いか疑問だから、加藤清正を同格の大将にする。行長にしてみれば大変困ったと思います。自分の商売相手の国に攻めこんでいいわけはない。結局、攻めてゆくのは形だけで、へんな外交をして、戦争を中途半端にしてしまおうと努力したようですね。

山崎　秀吉に知らさないで、向こうの大使と結託して、ニセの降伏条約を結ぶわけでしょう。あれを見ていても、やはり日本の海外進出が片輪だと思うのは、どうせ行くのならもう少し、航海術なり、大海軍をつくって攻めていったらと思うんですがね。ところが日本の海軍たるやまことに弱いでしょう。むこうがわは鉄甲の船をつくってるわけですね。これは軍艦ですよ。日本から攻めていくのは商船でしょう。

司馬　漁船のようなものですな。

海国でない島国

山崎　ちょっと聞いたのですが、和船というのは竜骨もなければ、帆の回転もできない。むかい風がふいたらおしまいといったどうしようもないものだったそうですね。

司馬　構造的には戸板をはりつけたようなものだったらしい。日本は海に囲まれているくせに水軍にこれほど無関心だったというのは不思議なくらいですね。平家の時代から瀬戸内海水軍なんてやかましくいわれているけれども、それも伝馬船のような漕ぎ船でしょう。構造のしっかりした遠洋航海用の船をつくって、船団で海外へ押しだしたということは一度もないですね。文禄、慶長ノ役のときには、琵琶湖の湖水の船頭まで動員していったのですからね。

ところが朝鮮側は、李舜臣が考案した亀甲船があって鉄砲玉をふせげる防禦《ぼうぎょ》板をはり、キリのようなものでハリネズミのようにして、のりこんでくる船をふせぐ。日本の得意とする火縄銃は鉄板で防ぎつつ水雷艇《すいらいてい》のように近づいていってぶち当てるんです。そのために日本の貧弱な船はずいぶんやられた。ずっと古くは、白村江の戦いでも、水軍は徹底的に負けてしまってる。河口で戦闘以前にやられてしまったでしょう。ところが朝鮮の新羅船というのはずいぶん構造的によかったらしいですね。だから遣唐使で、新羅の船にのりかえていくような人もいたんじゃないかな。

江戸時代になっても大きな船はできない。もっとも幕府が千石以上の船をつくることを禁じたというせいもあるけれど、どうも船に対しては日本人は不得手ですね。倭寇にしたって、東シナ海を突っ切るのに、一枚帆を張っただけの船でいくんですもの。城楼の如き堂々たる船に、ノミがたかるみたいに挑みかかってくるのが倭寇の船で。（笑）……日本は四方が海だといっても、どうも海国ではない感じですね。やっぱり小宇宙、自己完結した世界なんでしょうかね。

山崎　海外というものに知的なあるいは経済的な興味はあるんでしょうけれども、それが実際に領土を拡張して、占領してやろうというプラクティカルなものに繋がらないんですね。それで、そのままの姿勢で秀吉がワッと攻めるから、足元がたちどころにフラフラになる。（笑）

しかし、日本が世界に冠たる国であるという意識をもったことは、秀吉以前にはほとんどないようですね。

司馬　なさそうですね。

世界常識だった「臣」

山崎　東海の粟散国《ぞくさんこく》といういい方があって、仏教が一つの普遍を代表したときに、日本はその周辺だという意識をまずもちますね。若干例外なのは、聖徳太子の勇ましい国書ですけれども、これだって、彼のまわりにいる官僚ですら、どのくらい信じていたか疑わしい。（笑）そのあとは、義満が明に対して「臣」と称して屈辱外交をやったということがよくいわれるんですが、わたしはその解釈に反対なんです。というのは、その少し前のことですが、九州の菊池氏のもとにいた、南朝の懐良《かねなが》親王にも明の国使が来たことがあって、朝貢しないと攻めていくぞ、と威《おど》したんです。そのとき親王が使った言葉もやはり「臣」ですね。もっともその内容はそれならばわれわれも応戦するぞ、といった勇ましいものなんですが。しかし、言葉づかいはあくまで「臣」ですね。

司馬　中国的な秩序感覚が、当時の世界常識で、それによれば、中国の皇帝は天下に一人いるだけで、他国は蕃国《ばんこく》です。だから中国的な教養を受けいれている国々が中国と外交関係をもつときには自らを「臣」というほうが礼儀というものですね。自分が中国皇帝の「臣」だということは、彼が世界をよく知っている人間だということで、世界人としての常識だったんです。それはナショナリズムとは関係ないものですね。

秀吉は、そんなことをなにも知らないところから出てきたし、それに南蛮という別の世界の存在も知ってしまっている。自分が大明帝国の皇帝を兼ねるんだという大変なことを考えたのは、これは病気でしょうけれど。(笑) いずれにしても足利義満の場合は、朝貢貿易という、貢物をしたものの何倍も返しをもらう、まことに利益のある国策をとるわけで、それにはむろん古来の蕃国としての礼をとらなければいけないというのは通常の感覚だったでしょうね。

山崎　当時の国際関係をみていると、大明帝国ができたばかりで威勢のいいときです。だいたい中国の帝国は、できたときが強くて、あとになると弱くなるんです。

ところで一方、日本のほうは、国内勢力が分散していて、やっと南北朝合体をやった直後なんですね。九州には今川がいるし、大内もいる。そうすると、明国の方からいえば、地方政権に日本国王の位をやって、義満と戦わせようとすることもできたわけです。ことに大内氏は先祖が百済だというので、義満と戦う前に朝鮮とちゃんと連絡をつけている。彼らの頭の中には日本という観念はなくて、朝鮮と結んででも義満を倒してやろうという気持だった。

こういう状況では、だれが一番先に中国と国交を結んで、日本の正統政権は自分であるということを認めさせるかという競争になるわけです。これはいつぞやの時代に似ておりますね。(笑)

そこで、義満がやった手続きを順番に見ていくと、まずはじめのころ彼が書いた国書に対しては、明の皇帝が無礼なりといって怒っているわけです。だから決して屈辱外交じゃなかったはずです。そして、南北朝合体をやったあとの手紙に、日本の准三后、つまり太皇太后、皇太后、皇后の次に位する源道義が明国皇帝に書を奉ずるという形をとったのですね。そうするとむこうから、よく手紙をよこした、お前を日本国王に封ずるといってくるんです。その次から彼は「日本国国王・臣源道義」という手紙を出すわけです。彼は自分から、日本国王を名乗ったことはないんです。向こうからくれたわけです。どのみち明と交渉しようとすれば、臣であり、日本国王でなければならない。これはインターナショナルなきまりなんです。

ところで彼は、「国王」とはいっているけれども、一度も自らを「天皇」とはいっていないですね。天皇という日本側のわく組のなかでは、彼はあくまで准三后なんです。日本の皇室の臣下なんです。その臣下がよその国の臣下になって悪いことはない。むこうが日本国王と言ってくれるんだから、それは称号としていただいておきましょうというやり方ですね。中国側が原則主義と中華思想で押してくると、日本側は形式主義ですりぬけるわけです。これはやはり法匪《ほうひ》的論理だな。(笑)そうしておいて、貿易の利益を独占して、日本国内の統治をやる。つまり、外国の力を利用して日本国内を押えにかかる。外交によって内政をやるこのやり方も、いつかの時代とたいへん

よく似ていますね。（笑）

中華思想と蕃国

司馬　ともかく当時のアジア的秩序の中では、それが当然なんでしょうね、たとえば、対馬に宗氏というのがおりましたね。宗氏は室町幕府の御家人でありながら、朝鮮から冊封《さくほう》されて李王朝の官吏の名前ももっているんです。殿さまのみならず、家老くらいまでも。これは官名をもらっているというだけのことなんで、勲章をもらうのと同じなんですね。その歴史を知っていた李承晩が、終戦のどさくさのときに、対馬は朝鮮領だといって騒いだことがあった。（笑）李承晩《りしようばん》さんはアメリカに永く住んでいたために東アジアの国際上の旧習がよくわからなかったらしい。対馬が朝鮮領なら、朝鮮も中国領になってしまう。あのとき対馬出身の私の友人など、おれはどうなるんだろうとあわてていましたけれど。（笑）

中国が世界秩序の中心だったころは、中国と蕃国の関係というのは、兄と弟の秩序関係で、だから朝鮮王なり日本国王なり、安南《アンナン》王なりが、中国皇帝に対し、弟でございますといってくれれば、はじめて中国側からみた秩序が安定するわけで、西洋風の属領ではない。中国では大体一つの王朝の末期には、流民がどんどんふえて二十万、五十万というぐあいになっていき、それが首領をえらぶ。大流民団の首領同士が決戦してやがて統一政権ができると、流民という軍隊の始末にこまる。この統一成立早々の勢いのいい軍隊をもって、まず辺境を撃つんです。ダマンスキー島を撃つように。帝威を四夷にふるわせ辺境のわざわいを除くのですね。そのとき辺境の国々が恐れおののいて新王朝の冊封をうける、そのようにやってくると、新王朝の側は大いに徳化がおよんだというわけでそれでよろしいという。決してイギリスがアイルランドを略奪しつづけたといったようなことはないんですね。むしろ逆に蕃国から使いが来たら、貢物の何倍も大きなものを与える。だから中国の政権が疲弊してくると、もうこれ以上朝貢しにきてくれるなと頼んでいる。これは西洋的な領土感覚とは違うんです。

山崎　遠征将軍を出し、総督をおいて、といったローマ帝国の支配とは非常に異なりますね。それぞれの自治を認めてやり、ただ形式的に臣従すればいい。中国のこういう世界像はおもしろいですね。逆に、それが裏返しに日本に投影されて、日本はその世界像に忠実にはまるように自国の国家像をつくっていったということも考えられますね。要するに抵抗さえしなければ、何もされないんだから……。

司馬　中国にとっては辺境が静かであればいいんですね。天の下の民はことごとく中国皇帝が撫育《ぶいく》すべき対象というのがたてまえなんだから。

山崎　よく中華思想といいますけれども、中華であるためには、論理的にいってもまわりにある程度独立した国々がなければならないわけですね。さからってきては困る

けれども、それらを全部滅ぼしてしまうには、中国はあまりに高貴すぎる。（笑）

外交と国民

山崎　お話をうかがって何かわかってきたような気がします。というのは、日本においては外国と関係を結んだり、外交交渉をするばあいには、もともと国民的基盤というのは必要なかったのですね。一握りの上層部が知っておればそれでとにかく国家は安泰だったんです。だから幕末の世界構想の中にはひどく観念的で、それだけに夢物語のように面白いものが現われたりする。本多利明の『西域物語』などがそれで、今の日本は「古日本」として残して、国全体をカムチャツカに移動させようなどという。外国についての知識は上層部にかなりあって、しかしそれが完全なおもちゃになっています。

これが、たとえばヨーロッパ大陸の国で、外国とじかに国境を接しているところであれば、そうはいかない。外交交渉というのは、つねに何らかの国民的背景が必要であったわけです。ヨーロッパでは王族というものは、互いに親戚同士でむしろインターナショナルな存在だから、国家といえば即ち国民というところがある。それに外交がこじれて戦争ともなれば、兵隊を集めなければいけない。そういう事情もあって、外交関係が国民のものになっているんですね。

ところが日本では、明治初年から日露戦争にかけて、外圧がロシアという目に見える形でやってきた特殊な時期を除けば、外交というのは、国民が関知しないでもやっていけるものだったんですね。このズレはずいぶんあとまで響いていますよ。

リアリズムの欠如

司馬　そうですね。外交関係で非常に現実感覚を外してファナティックになるのは、日本人のばあい、明治以降は必ず国民のほうですから。

山崎　どうも現代に近づいてくるほど、不幸なねじれがあって、ものが見えなくなるようなところがありますね。

ちょうど日本で普通選挙獲得運動が起り、政党政治が伸びてきて、いわゆる民主化が進行しているときに、外ではワシントン条約のことをワシントン会議をやっている民衆派たちは、ほとんど考えていない。ところが普選を叫んでいる民衆派たちは、ワシントン条約のことをほとんど考えていない。また一方、ワシントンで折衝している軍部や政治家は、列強の中における日本ということばかりを考えていて、国内の社会構造とか、社会問題にまったくめくらになるんですね。

ワシントン条約の前は、日本はとにかく世界構想をもっていた。日英同盟を基本として、日露協約で、ロシアとは争わない。そういう二つの軸で、日本の位置づけというのは何となく見えていたわけです。ところがワシントン条約と前後して日英同盟が廃棄されると、日本は裸でポンとほうりだされる。そうすると、だれも世界構想というものをもっていないんです。普選を叫んでいる人たちにもまるで国際感覚がないですね。対支二十一カ条のときは、新聞も強硬派ですが、吉野作造だってそうですね。最後通牒いたしかたなしとまでいっているんです。

司馬　ほう、そうですか。その話とよく似たことが、明治初期の自由民権運動にもいえますね。当時の大久保政権の感覚というのは、日本はもうどうしようもなくやっていけないというところから発想している。たとえば、かつての武士だった連中をなだめるための士族奉還金を支払うために、当時、イギリスから莫大な金を借りている。まして朝鮮を攻めるために軍費を借りれば日本は破産するし、それでイギリスに金を返せなければ、国土の一部を売らなければならないということをよく知っている、だから征韓論に反対するわけですね。ところが、征韓論で昂奮した不平分子はそのあと自由民権運動にいく。自由民権運動の闘士のほとんどが同時にアジア侵略主義という点では国権的ですね。

山崎　明治の初期のリーダーたちは、わりに正しく世界のリアリティーを見ていたように思います。それが日露戦争後どうしてダメになってしまったのか、と考えるんですがよくわからない。一つには、先ほどいったように日英同盟がきれ、ロシアに革命が起って、指導者に世界が見とおせなくなったということがあると思う。今までのセンスではいけないし、かといってどうしたらいいかわからない。ところが彼らには国内に相談すべき相手がいないという不幸があった。それどころか、民主化要求というので内から追いこまれる。民主化を要求する人たちにも、それではこの国際情勢の中で日本をどうしていくかというと、代案はないんです。二十一カ条といったへんなものにあい乗りしたりしてね。そうすると、内からも外からも孤立して被害者意識のかたまりのようになったリーダーが、だんだんヒステリカルになる。それに対して、また感情的な民衆側の反応がおこる。そういう悪循環で太平洋戦争まできてしまったのではないだろうかと思うんです。ただ、英米派と呼ばれる知識人、かれらはある程度世界が見えていたと思うんだけど、右の方からも左の方からもやっつけられてつぶれてしまうでしょう。

司馬　私はまったく知らなかったのだけど、松岡洋右《ようすけ》という人はたいへんな親米派の人だったそうですね。満州をどうするかというので軍部が妄想をたくましくしているときに、彼はむしろ満鉄にアメリカの資本をいれて開発したほうがいいといっている。もし織田信長のようなリアリスティックな人間が昭和初期にいたら、彼もやはり、満州にはアメリカの資本を入れて、アメリカとは仲よくし、ドイツとは適当につきあって、漁夫の利を狙えるような時期を待ったと思う。ところが松岡洋右はその計画がダメになると、沸騰する国民の側に身をよせてしまう。ドイツへいって、自身も英雄的パラノイアになっちゃうんですね。世論の中に巻きこまれた外交というのは、日本ではどうもダメなのかしら。この辺はうかうか結論を出せないけれども。

山崎　満州の問題にしても、孫文が三井と満州の売買の交渉をやったくらいですから、日本としてはあんな支配のほかにいろいろなチョイスはあったと思うんです。

ヒステリカルな応酬

司馬　ともかく明治期の日本のいわゆる国民的世論というのは、実にむずかしい。不平士族を中心に盛り上った自由民権運動にしたってどれほどの果実をのこしたのか。明治憲法を生んだじゃないかということもあるかもしれないが、一面、あれは元来自然とできあがるというぐあいのものだったとも考えられる。自由民権運動があったから、四、五年早くなったという程度であるともいえるのかもしれない。憲法をもたなければ、不平等条約の改正という明治期を通じての大難題があったし、欧米と交渉するばあい、日本をできるだけ文明国に見えるようにしたいというセンスが、伊藤博文にも金子堅太郎にもあったわけです。

だから自由民権運動というものの評価はじつにむつかしい。ほんとうに庶民のためを思ったかというと、そうでもなさそうで、むろん数少なく例外はあります。しかし一般的にいって自由民権運動というのは、エネルギッシュな野心家や不平家たちのカッコいい沸騰であって、ほんとうに民衆と国家に対して責任のある国民世論であったのかどうか、子細に見ていくと、だんだん気が弱くなってくるような感じで、たまらなくなってしまう。

山崎 日本の政治家に、極悪非道な、鬼のような政治家がいれば、話はすっきりするんですがね。すべての不幸は彼のせいだとしてすませばいい。ところが、民衆が憎くて憎くてしようがない、日本人は不幸になればいいという為政者は、日本にいないわけですよ。

司馬 西太后とかね。(笑)

山崎 にもかかわらず、そこに視野のズレがある。片っ方の人は世界における日本の地位だけを見て、これを強化するためには、あらゆる犠牲を払わなければならないと信じこんでいる。もう一方は、それもまったく見えなくて、ともかく、目先に不幸な人がいれば、なんとしてでも幸福にしなければならないと主張する。この両方が戦後もヒステリカルな応酬をやっていますね。

非常に皮肉にいうと、戦後の世界像に関しては、日本人の中に本質的な対立はないんですね。外交をめぐる色々な争いがありましたけれども、いずれもタイムラグの問題なんです。一番はじめが、全面講和か単独講和かというチョイス。これは私見にすぎませんが、当時、全面講和はありえなかったと思います。ところが現在は全面講和になってしまった。中国と国交回復をしましたからね。沖縄の問題だって、対立がありましたけれども、これは二、三年のタイムラグでなし崩しでしょう。そうするとあんなに血を流して、といっても、これも日本の特色でさほど流血の惨事はなかったですけれども、ともかく、あんなに大騒ぎして、自分の良心を問われるような思いをして、何をしていたかというと、二、三年ないし十年のズレを先にするか、後にするかという争いをやっていただけですね。

司馬　どうもぼくらは、外交問題でいつも醒めた状態でいられないような柄合《がらあい》の国に生まれてきたような気がしますね。

鹿鳴館と農協

山崎　同じお役所でも、外務省と通産省とでは、自由化問題に関する議論を見ていると、どうしようもないズレがありますね。外務省は外を見ているし、通産省は内をむいている。外を向いている人と、内をむいている人との通訳がいないんです。

先日アメリカを旅行したとき、実にイヤな話を聞いてきました。日本の商社マンがアメリカに木材を買いつけにいったんです。日本人が木材を買いしめるというので、むこうはだいぶ神経質になっているんです。ところがあるオークションで、五人ばかりの商社マンが競争に勝って、出ていた木材を全部買いしめた。そこまではまだいいんです。勝ったとたんに、突然彼らは肩をくみ、大声で歌い、ダンスをしたというんです。おそらく寮歌でも歌ったんでしょうがね。（笑）これは非常にアメリカ人の神経をさかなでしたらしい。

なにも国際感覚云々をいうつもりはありませんよ。でも日本人というのは、人をやっつけておいて「勝った、勝った」と踊る人種じゃない、かえって申しわけないような気持になるのが日本人でしょう。日本人にとって外国というのはまったくの異国なんですね。地続きじゃないし、海によって文化も切れてしまうと思っている。

司馬　いまはやりの旅行団というのは、羽田を飛びたったとたんに牙《きば》をむくそうですな。牙をむくとしかいいようのない大蛮族に突然変るようですよ。

山崎　そういうことを知っているものだから日本の外交官は鹿鳴館《ろくめいかん》以来どうも自国民を信じていないらしい。うちの国民などどうせダメだ。とうてい世界の舞台に出せるものではないと思っている。そこで鹿鳴館という日本趣味のかけらもないような場所をつくって、ここで外交をやるわけですね。そうすると、残った日本人は外交の衝に当る人間がそれだけで憎くなる。英語がうまかったりハイカラな姿をしていることが憎くなって、鹿鳴館に刀を抜いて斬りこむわけですね。あれ以来、日本では強硬外交以外はすべて評判が悪いんです。（笑）

司馬　だから結局、日本文化に普遍性がないということは、日本人自身が一番よく知っているんでしょう。でもひょっとしたら、日本文化に普遍性があるのかもしれないのですけれどもね。ぼくは普遍性があるというほうに開き直ったほうがいいと思うんです。お茶やお花のみならず、行儀作法とか、日本人特有の考え方を、外国でも押し通して、日本の中にいるのと同じようにすればいいのじゃないかしら。勝負に勝っても「どうもすみません」とあやまる日本的感覚のほうがかえって通用するんじゃないかな。

しかし、ふつうは羽田から飛びたったとたんに無国籍になってしまうんですね。つまり、旅行団のめんめんはいまぞ特殊な日本に別れを告げて、普遍性の世界にむかうということになるのだが、しかし、かといって普遍性を身につけてはいないから、どの衣装もかなぐりすてて丸裸のままでヨーロッパを歩くことになる。よく「農協、農協」といいますけれども、なにもあれは田舎の人たちばかりじゃありませんよ。（笑）

山崎　日本人がいろいろ外国でやる悪いことを聞いていると、これは国際感覚の欠如じゃなくて、日本的な美的感覚の喪失なんですよね。飛行機の中で褌一つになっちゃいけないんです。それは当り前ですよ。（笑）

結晶化された外国

司馬　日本人にとって、海外のことというのは大げさにいうと、火星や水星のようなものなのかなあ。

山崎　そうですね。たとえばベトナムへぼくはいったことがないので、新聞やテレビで情勢を知るわけです。そうすると、ベトコンというのは、正義の精神の権化《ごんげ》みたいな人たちだし、南やアメリカの政府というのは、権力欲の化身《けしん》のように思われる。外国についてのなにか一方的なイメージがあるんですね。その典型的な例は、イスラエルとアラブの抗争をおれのことだと思って、機関銃をもってのりこんだやつがいる。（笑）

司馬　あれが一番日本人ですよ。（笑）岡本公三という人は、日本人のそういう部分の象徴のような人ですね。

私どもも日本で考えているベトコンというのは一つの火星人ですね。この上もなく純粋な人たちだと、勝手に結晶させてしまっている。ところが、人間の社会に結晶作用というのはありえないわけで、解放戦線といえども猥雑なものだし、ハノイも必ずしもきれいではない。つまり、外国勢力と平気で手を握るという悪いクセがベトナム人にはあって、それのために戦争がなかなか終らない。もういいかげんにしろと三つの政府に平等にいわなきゃいけない段階なのに、いまだに日本では解放戦線だけを称《たた》えているのは、どうしようもない感じです。

ベトナム人民は歴史的にも外国の侵略と果敢に闘ってきたなどとよくほめるけれども、たしかにそうで、それも一面ですが、同時にベトナム人はほんの何世紀か前にカンボジア人から武力でもってメコンデルタを奪っているということもある。また平気で国内の争乱に外国勢力をひき入れるというベトナムの歴史の通癖も考えなければならず、その通癖がいまも出ていて、内乱の収拾のめどがつかなくなっている。ベトナムの問題はなかなか記号式の観察ではわからないところがありますね。

外から見ると一枚岩

山崎　日本の中から日本を見ていますと、こんなに国論の分裂した国はないと思いますね。与党はいつも野党を気にしているし、野党は少数派で被害者意識をもっている。ところが外から日本を見ますと、日本という国は世界に冠たる一枚岩の国に見えるらしいですね。日本人というのは、総理大臣から、靴みがきの男の子にいたるまで、同じ髪の毛をし、同じ目の色をし、行動様式も全部同じだ。だから共産党から自民党にいたるまで同じに見えるんです。どんなに国内が対立しているかということをいくら言葉で説明してみても、彼らはそれを八百長だと思うんですね。こういうイメージ・ギャップというのはたいへんなものだと思います。

司馬　開発途上国に駐在している外務省の人がいっていましたが、開発途上国の政府の人に、日本から援助金を出してもらいたいと思ったら直球を投げてもだめだ、各省同士の意見も違うし、いくつものネックがある。だから、アメリカから圧力をかけてもらうなり、あるいは奉加帳の筆頭はイギリスやドイツになってもらえ、そうすると日本はあわてて金を出す、そう助言してやるんだというのですが、これはむこうの人にはわからないらしい。そうでしょうなあ。むこうからみればおっしゃるように日本政府は一枚岩に見えるはずですからね。

山崎　開国のときがそうですね。日本には江戸幕府もあれば、京都の朝廷もある。地方には大名がいるという具合でちっとも埒《らち》があかない。外国はわからないから矢の催促ですね。このコミュニケーション・ギャップが現在もなおつづいている。これは大変な問題だと思いますね。それともう一つ問題だと思うのは、世界構想というのが現在どの陣営にもなくなってしまいましたね。対米協調という線はこれからも変らないと思うんですが、対米依存ということはなくなるでしょう。それにある意味でともに正義の味方、平和勢力であったはずの中ソが互いに悪口をいいあって、なにがなんやらわからない状態になりましたね。これはワシントン条約前後の道に迷った時期と似てきたように思います。

それから、右側の人も左の人もよく、日本はアジアと連帯せよ、というでしょう。片方は金もうけから、もう一方はイデオロギーからいっているわけですね。しかし、ぼくはやめたほうがいいんじゃないかなと思う。簡単なアジア主義というのはどうも好かない。福沢諭吉ではないけれども、ぼくはある意味での脱亜論者なんです。

司馬　簡単なアジア主義ではとてもだめでしょうね。いまは同じアジアにある国よりも、似たような技術水準をもっている、たとえば西ドイツのほうが会話が通じやすいということがありうるかもしれない。これは技術上の会話ではありませんが、たとえばベトナム人はほとんどだれでも輪廻《りんね》転生《てんせい》を信じている。そういうベトナム人に、死んだらしまいですよ、といったら相手は日本人というのは悪魔かと思うでしょう。これはなにも、日本人が輪廻転生を信じていないから文明的だというのではなく、ひょっとしたら輪廻を信じているほうが本当の教養であって、われわれは、そういう教養を喪《うしな》ってしまって野蛮になっているのかもしれない。ともかく同じアジアといってもさまざまであって、単純な地域論はもう時代遅れだと思いますね。

山崎　空間的地域論はもう古いですね。ＥＣがいま一所懸命やっているけれども、ブロック経済というのは、大体において崩壊するんではないですか。

日本の貿易先を見ますとね、米国がずばぬけて多いというのは別にして、あとは世界各地にわりと均等にちらばっているんですね。この傾向を伸ばして、世界にまんべんなく広がっている日本というほうがいいような気がする。アジアに対して、日本は前科があるから、いくら善意から援助しても、ウサンくさくみられる。それよりも、南米とでも仲よくしたほうがいいのじゃないですか。

司馬　アジアは日本人にとって生臭すぎるのかもしれませんね。

非論理性の世界

山崎　それにしても、日本のリーダーたちには依然として世界が見えていないんじゃないかと思うときがありますよ。たとえば、例の「日本列島改造論」によれば、日本の経済を四倍にするというんですね。まことに結構なことのように思えるかもしれない。しかし、これは内側にのみ目をむけた片手おちの議論ですね。いまでさえ経済問題で紛争をおこしている国際関係が、日本の経済力が四倍になった暁にはいったいどうなるのかという視点が欠けているんです。

一方、それに反対する人たちはどうかというと、いまの経済発展をうんとおとし、米国との依存関係を断てば、日本の国はよくなるという。それじゃあ、失業者が出て貿易収支の帳尻が赤字になってもかまわないかというと、なんの代案もないんですね。

司馬　なるほど一昔前と似ているなあ。

安保条約を廃止せよというのは私も観念的には大賛成なんですが、これをやる場合いろいろ考えるとじつにむつかしい。アメリカと手をきる以上、アメリカを仮想敵にするということも、考えておかなければならない。そうなれば自衛隊をいまの百倍にしなければならないし、じつにしんどい。しかし安保反対というのはふつうはそうではなくて軍備には絶対反対ということになっている。このあたりの非論理性は日本独特のものだが、しかし何となくわれわれ日本人仲間の内々の理解法としてはそれでいいんだということになっていて、なんだか知らないけれども家庭的な秩序みたいなものがそれで出来あがっている。

山崎　実際、世論というのはモザイク状になっていて、全部繫がっていないですね。安保条約に反対だ、それでも軍備はしないとなれば、これはせめて海が遮断されても当分困らないくらいのエネルギーの貯蓄をしなければいけない。そうすると石油タンクをつくらなきゃいけないけれど、これは公害反対でダメ、それでは原子力発電所をつくりましょうというと、これも危険だからダメ。そうすると、この世論の一つ一つは、その局面においてはたいへん正しいんですが、それを繫いでいったときにどうなるかというと、何も出てこないんです。こういう日本人の非論理性、リアリズムの欠如という性質はやはり日本が島国で自給自足をしていたということに由来するのでしょうね。昔ならそれでもよかったでしょうけれど、不幸にも開国してしまったから。

司馬　私どもはやっぱりむつかしい国に生まれたんだな。フランスとかドイツに生まれていれば、外交なんか単純だからいいですね。

山崎　そのかわり、国民全体が切実なリアリティーに直面しているわけだから、占領もされるし、ひどい目にあわされる。どっちが幸福だったかはわからないですね……。（笑）

解説　半世紀の時の流れに耐える

関川夏央

司馬遼太郎の対談集『歴史を考える』は、一九七二（昭和四十七）年初めから一九七三年七月にかけて発表された対談の記録である。半世紀近く前のことになるが、時の流れに耐えていると思う。

萩原延壽《のぶとし》との対談「日本人よ〝侍〟に還れ」は「文藝春秋」七二年二、三月号に掲載された。山崎正和との対談「日本宰相論」は文藝春秋社の論壇誌「諸君！」七三年一月号に、綱淵謙錠《けんじょう》との「敗者の風景」はおなじく文藝春秋社の小説誌「オール讀物」七三年四月号に、山崎正和との再度の対談「日本人の世界構想」は「諸君！」七三年七月号に掲載された。その単行本化『歴史を考える』の刊行は七三年十月であった。

萩原延壽は一九二六（大正十五）年生まれだから司馬遼太郎の三歳下、旧制最後の東京帝国大学法学部政治学科から大学院に進み、のちペンシルベニア大学とオックスフォード大学で学んだ。学術性と文学性を兼ね備えた新しい領域というべき評伝『馬場辰猪《たつい》』（吉野作造賞）をはじめ、『陸奥宗光』『東郷茂徳』など日本近代史の主役とはいえないが、その人なしには近代史そのものが成立しなかったであろう重要な脇役の評伝に力を注いだ。

いくつかの大学からの誘いを断り、在野の歴史家として生きた萩原延壽に対する司馬遼太郎の信頼は篤く、この対談を行った時期の萩原は、七六年から長期にわたって朝日新聞に連載される『遠い崖　アーネスト・サトウ日記抄』の準備中であった。それは幕末の日本に長期滞在した英外交官、アーネスト・サトウが見た激動の明治革命とその後の記述であった。

司馬遼太郎との対談「日本人よ〝侍〟に還れ」は七一年十一月末、京都嵐山にある「大河内山荘」で行われた。そこはかつて時代劇俳優・大河内伝次郎の別荘で、広い庭園に囲まれた静かな料亭旅館であった。対談は午後四時から九時にまでおよんだが、もっぱら司馬遼太郎の能弁が目立ち、萩原延壽は要所要所で、とつとつと、かつ粘っこく発言した。この慎重さとゆかしさを司馬遼太郎は愛したのである。『遠い崖　アーネスト・サトウ日記抄』（朝日新聞社）の最終第十四巻の刊行は二〇〇一年十月十二日、その十二日後、萩原延壽は七十五歳で不帰の客となった。

本書に「日本宰相論」「日本人の世界構想」と二本の対談を提供した山崎正和は、一九三四（昭和九）年生まれ、旧満洲からの引揚者で、対談時にはまだ三十八、九歳であった。萩原延壽、綱淵謙錠は司馬遼太郎の同世代人といえるが、対談時に四十九歳から五十歳であった司馬遼太郎は十一歳下の山崎正和にも礼を尽くした話しぶりで応じた。彼は、若く才能ある人を「発見」し、対話することを好む人であった。

山崎正和は京都大学文学部哲学科を卒業したあと、同大学院美学美術史学専攻博士課程を修了した。六三年、二十九歳で戯曲『世阿弥』（岸田戯曲賞）を発表して演劇関係者を驚嘆させた彼は、六四年からフルブライト教授研究員としてイェール大学演劇科に学び、同大学講師、コロンビア大学客員教授をつとめた。

六六年帰国、七〇年に戯曲『野望と夏草』、七一年に評論集『劇的なる日本人』を書き、七二年、評伝『鷗外　闘う家長』、七三年には戯曲『実朝出帆』を発表して文芸界・演劇界の若き第一人者と目された。六〇年代後半の初対面以来たびたび司馬との対談を重ねた山崎正和は、本書収録の対談時には関西大学助教授であったが、七六年から九五年まで大阪大学文学部教授をつとめた。この間にも多くの戯曲と評論を発表し、また地方自治体と協働した演劇運動にも積極的に関わった。

対談「敗者の風景」の相手、綱淵謙錠は二四年、樺太《からふと》に生まれた。旧制中学を樺太で卒業して戦時中の四三年、旧制新潟高校に進んだ。ここで旧制高校最後の自由を短く味わったのち、四五年初め、勤労動員された富山から学徒出陣で旭川の歩兵連隊に入営した。四六年、東大に進んだものの貧窮にあえいで休学、職を転々とした。父はソ連軍占領下の樺太で死に、母と妹は戦後二年目に命からがら引揚げてきた。

五〇年、旧制高校卒の資格で特例として中央公論社を受験したが失敗、五一年、東大に復学した。卒業の五三年、再度中央公論社の試験を受けて入社した。編集者として谷崎潤一郎、子母澤寛を担当し、かたわら長谷川伸、海音寺潮五郎らの人と仕事に興味を抱いて、後年時代小説作家となる素地を養った。

七〇年十一月に自刃した三島由紀夫の葬儀を最後の仕事に、七一年春、退社した。一年間だけ、と阿川弘之、川端康成に懇請されてペンクラブ事務局長をつとめたあと作家として自立、七二年『斬《ざん》』で直木賞を受けた。『斬』をはじめ、『苔《たい》』『狄《てき》』『濤《とう》』など、漢字一字、音読みの作品題が四十八ある。一九九六年四月没。

司馬遼太郎が、日露戦争をえがいた長大な小説『坂の上の雲』を擱筆《かくひつ》したのは本書対談中の七二年七月であった。その一九七二年は、二月に連合赤軍の大量の仲間殺しが明らかになり、五月にテルアビブのリッダ空港で日本人青年三人が無差別発砲で多数を殺害、また九月にはミュンヘン五輪の選手村にパレスチナゲリラが侵入してイスラエル選手ら十一名が殺害されるという穏やかならざる年であった。

六八年四月、産経新聞紙上に連載開始された『坂の上の雲』は、司馬自身の言葉を借りれば、日本の青年たちの頭に「マルクス主義の電灯が灯って」、いっせいに走り始めた時期と重なる。そんな青年たちにいわせれば、日露戦争は「侵略戦争」で、その作家は「反動」にほかならないはずだが、『坂の上の雲』の連載時も文藝春秋社が単行本を次々刊行したときにも、左翼テロはおろか反対運動は起こらなかった。たんに作品を読まなかったか、あるいは司馬遼太郎の実証性に説得された結果であろう。

対談時期のなかばにあたる一九七三年四月初めから二週間、司馬遼太郎は南ベトナムを旅した。その年三月をもってアメリカ軍の撤退が完了した直後である。ベトナム全土が共産化すれば東南アジア全域が共産化するという「ドミノ理論」ゆえにアメリカはベトナム戦争に介入したのだが、犠牲の大きさに対し、得たものはあまりに少ないと苦く認識した結果の撤退であった。

帰国した司馬遼太郎は産経新聞紙上に「人間の集団について」と題した連載記事を書いた。その第二回には、こんなくだりがあった。

「自分で作った兵器で戦っている限りはかならずその戦争に終末期がくる。しかしながらベトナム人のばかばかしさは、それをもつことなく敵味方とも他国から、それも無料で際限もなく送られてくる兵器で戦ってきたということなのである。この驚嘆すべき機械運動的状態を代理戦争などという簡単な表現ですませるべきものではない」

「大国はたしかによくない。／しかしそれ以上によくないのは、こういう環境に自分を追いこんでしまったベトナム人自身であるということを世界中の人類が、人類の名においてかれらに鞭を打たなければどう仕様もない」

「他国」とは北ベトナムに武器援助した中国とソ連、南ベトナム側に立って直接介入したアメリカを指すのだが、非難の矛先《ほこさき》は南北ベトナム、おもに北ベトナムに向けられている。

日本を含む世界の大半が北ベトナムと民族解放戦線に心情的に味方し、かつ「民族主義」が肯定的にとらえられていた当時の時代相を回想するなら、これは「不敵な挑戦」以外のなにものでもなかった。だが、この原稿も幸か不幸か「黙殺」された。戦中派作家にして流行に惑わされず「歴史」を考える人という司馬遼太郎の本質に、まだ読者は気づいていなかった。

七二年夏、『坂の上の雲』を書き終えた司馬遼太郎は、初めてヨーロッパへ出かけた。同行したのは文藝春秋社の池島信平、文芸評論家の江藤淳であった。

池島信平は司馬遼太郎の十四歳年長、創業者の菊池寛から戦後に看板を譲ってもらい、文藝春秋新社を創業した十一人の中心人物であった。いわば「仲間立」の版元として文藝春秋社のプラグマティックな空気を司馬遼太郎はかねてから好んでいたが、池島信平と起居をともにしてさらに信頼はつのり、新聞のように世論をあおらない「文藝春秋」誌を、日本社会の平衡感覚維持に欠かすことのできない「大工さんの水準器」と評した。

江藤淳は司馬遼太郎より十歳年少である。すでに気鋭の評論家として名高かった六八年、座談会の席で司馬に、駐日アメリカ大使をつとめた日本研究者エドウィン・ライシャワーからの疑問「なぜ日本人は大久保利通ではなく、西郷南洲（隆盛）が好きなのか」を伝達したことがあった。

日本人は乃木希典、江藤新平、西郷南洲が好きで、ことに西郷が大好きだ、とライシャワーはいい、さらにこうつづけた。彼らは、うっかりすれば国を滅ぼしたかもしれない連中だろう。日本を今日まで何とか維持してきたのはその対極にあったリアリストたち、児玉源太郎であり、大隈重信であり、大久保利通ではないか。自分は何十年も日本を勉強してきたけれど、いちばんよくわからないのはこのことだ。

それは日本人自身にとっても謎だろう。その謎解明への情熱は司馬遼太郎の中にしぶとく生きつづけ、七二年一月、西郷を主人公に西南戦争をつぶさにえがく『翔ぶが如く』の連載を毎日新聞紙上で開始するのである。

樺太生まれの故郷喪失者、綱淵謙錠は西郷に関して、対談「敗者の風景」で司馬にこう語った。

「現在の旧樺太島民で、おそらく樺太が日本に戻ってくると思っている人は誰もいない」

「ではぼくたち故郷を失った者のたった一つの訴えは何かというと、樺太は正統的には日本の領土であったけれども、いまは国際的力関係で仕方がないんだ、と日本政府がはっきり言ってくれ、そうでないと、祖父とか親父たち、あるいは本人じしんが樺太で苦労したのは単なる帝国主義的侵略の尖兵をつとめたにすぎないことになり、これじゃあみんなが浮かばれない、ということなんです」

「ですから、日本政府が、お互いここで泣こうや、と言ってくれれば……。おそらく西郷隆盛だったら言ってくれたんじゃないか、と思うのです」

そんな述懐に司馬遼太郎は、こうこたえた。

「なるほど、そういわれてみると、西郷は敗者の代表だなあ」

この対談集の重要な主題のひとつが、ここに端的にあらわれた。


（作家）

作品中には、今日では不適切とされる表現がありますが、著者が故人であること、著作者人格権を考慮し、当初の表現を尊重しました。ご理解賜りますようお願いいたします。

本書は一九八一年六月に出た文春文庫『歴史を考える　司馬遼太郎対談集』の新装版です。

DTP制作　エヴリ・シンク

文春文庫

対談集《たいだんしゅう》 歴《れき》史《し》を考《かんが》える

定価はカバーに
表示してあります

2020年5月10日　新装版第1刷

著　者　司《し》馬《ば》遼《りょう》太《た》郎《ろう》
発行者　花田朋子
発行所　株式会社 文藝春秋

東京都千代田区紀尾井町 3-23　〒102-8008
TEL 03・3265・1211㈹
文藝春秋ホームページ　http://www.bunshun.co.jp

落丁、乱丁本は、お手数ですが小社製作部宛お送り下さい。送料小社負担でお取替致します。

印刷製本・凸版印刷

Printed in Japan
ISBN978-4-16-791499-8

（　）内は解説者。品切の節はご容赦下さい。

司馬遼太郎
ロシアについて
北方の原形
日本とロシアが出合ってから二百年ばかり、この間不幸な誤解を積み重ねた。ロシアについて深い関心を持ち続けてきた著者が、歴史を踏まえたうえで、未来を模索した秀逸なロシア論。
し-1-58

司馬遼太郎
この国のかたち
（全六冊）
長年の間、日本の歴史からテーマを掘り起こし、香り高く豊かな作品群を書き続けてきた著者が、この国の成り立ちについて、独自の史観と明快な論理で解きあかした注目の評論。
し-1-60

司馬遼太郎
八人との対話
山本七平、大江健三郎、安岡章太郎、丸谷才一、永井路子、立花隆、西澤潤一、A・デーケンといった各界の錚々たる人びとと文化、教育、戦争、歴史等々を語りあう奥深い内容の対談集。
し-1-63

司馬遼太郎
最後の将軍
徳川慶喜
すぐれた行動力と明晰な頭脳を持ち、敵味方から怖れと期待を一身に集めながら、ついに自ら幕府を葬り去らなければならなかった最後の将軍徳川慶喜の悲劇の一生を描く。　（向井　敏）
し-1-65

井上　靖・司馬遼太郎
西域をゆく
少年の頃からの憧れの地へ同行した二大作家が、興奮も覚めやらぬままに語った、それぞれの「西域」。東洋の古い歴史から民族、そしてその運命へと熱論ははてしなく続く。　（平山郁夫）
し-1-66

司馬遼太郎
竜馬がゆく
（全八冊）
土佐の郷士の次男坊に生まれながら、ついには維新回天の立役者となった坂本竜馬の奇跡の生涯を、激動期に生きた多数の青春群像とともに大きなスケールで描く永遠の傑作青春小説。
し-1-67

司馬遼太郎
歴史と風土
「関ケ原の戦い」と「清教徒革命」の相似点、『竜馬がゆく』執筆に到るいきさつなど、司馬さんの肉声が聞こえてくるような談話集。全集第一期の月報のために語られたものを中心に収録。
し-1-75

（　）内は解説者。品切の節はご容赦下さい。

司馬遼太郎
坂の上の雲
（全八冊）
松山出身の歌人正岡子規と軍人の秋山好古・真之兄弟の三人を中心に、維新を経て懸命に近代国家を目指し、日露戦争の勝利に至る勃興期の明治をあざやかに描く大河小説。（島田謹二）
し-1-76

司馬遼太郎
菜の花の沖
（全六冊）
江戸時代後期、ロシア船の出没する北辺の島々の開発に邁進し、日露関係のはざまで数奇な運命をたどった北海の快男児、高田屋嘉兵衛の生涯を克明に描いた雄大なロマン。（谷沢永一）
し-1-86

司馬遼太郎
ペルシャの幻術師
十三世紀、ユーラシア大陸を席巻する蒙古の若き将軍の命を狙うペルシャの幻術師の闘いの行方は……幻のデビュー作を含む、直木賞受賞前後に書かれた八つの異色短篇集。（磯貝勝太郎）
し-1-92

司馬遼太郎
幕末
歴史はときに血を欲する。若い命をたぎらせて凶刃をふるった者も、それによって非業の死をとげた者も、共に歴史的遺産といえるだろう。幕末に暗躍した暗殺者たちの列伝。（桶谷秀昭）
し-1-93

司馬遼太郎
翔ぶが如く
（全十冊）
明治新政府にはその発足時からさまざまな危機が内在外在していた。征韓論から西南戦争に至るまでの日本の近代をダイナミックかつ劇的にとらえた大長篇小説。（平川祐弘・関川夏央）
し-1-94

司馬遼太郎
大盗禅師
妖しの力を操る怪僧と浪人たちが、徳川幕府の転覆と明帝国の再興を策して闇に暗躍する。夢か現か――全集未収録の幻の伝奇ロマンが、三十年ぶりに文庫で復活。（高橋克彦・磯貝勝太郎）
し-1-104

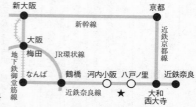